Annelore und Hubert Bruns

Biogärtner's Beerenobst

Über den Inhalt

Dieses anschauliche Ratgeberbuch gibt dem inter-
essierten Biogärtner alle notwendigen Hinweise für
den naturgemäßen Anbau unserer beliebtesten
Beerenobstsorten.
Text und Zeichnungen schildern ausführlich alle
für den Ernteerfolg notwendigen Arbeitsschritte.

Der Biogärtner wird hier wirklich gründlich und zu-
verlässig beraten – von der Sortenwahl über
Pflanz-, Dünge- und Pflegemaßnahmen bis hin
zum Umgang mit Krankheiten und Schädlingen.
Auch enthält das Buch viele nützliche Erntetips.

Beerenobst gedeiht besonders gut im biologischen Anbau! Mit diesem Buch wird die naturgemäße Anbaumethode für jedermann leicht
verständlich. Es zeigt sich, daß der Biogärtner
keineswegs mehr Mühe haben muß als der
konventionell arbeitende Gärtner. Sein Lohn
wird aber wohlschmeckendes, gesundes und
weitgehend unbelastetes Obst sein!

Die Autoren:

Annelore Bruns,
Biogärtnerin, Um-
weltschützerin und
Vollwertköstlerin.
In der Erwachsenen-
bildung tätig. Autorin
mehrerer Bücher über
den biologischen
Gartenbau.

Hubert Bruns,
geb. 1925, ist Hob-
bygärtner, -zeich-
ner und -bastler.
Er hat das gesam-
te Text- und Zeichen-
material dieses
Buchs von Hand
erstellt.

Kaspar Huche,
geb. 1957, Germa-
nist, befaßt sich
mit praxisbezo-
gener Ökologie.

Annelore und Hubert Bruns

Biogärtner's Beerenobst

Anbau und Pflege aller wichtigen Beerenobstsorten

Unter Mitarbeit von Kaspar Huche

Kösel-Verlag München

Eure Nahrungsmittel sollen Heilmittel und eure Heilmittel Nahrungsmittel sein!

Hippokrates

CIP - Kurztitelaufnahme der Deutschen Bibliothek

Bruns, Annelore:
Biogärtner's Beerenobst: Anbau u. Pflege aller wichtigen Beerenobstsorten / Annelore u. Hubert Bruns. Unter Mitarb. von Kaspar Huche. – München: Kösel, 1986
ISBN 3-466-11073-4

NE: Bruns, Hubert:

© 1986 Kösel-Verlag GmbH & Co., München
Alle Rechte vorbehalten
Graphiken, Layout und Umschlag: Hubert Bruns
Gesamtherstellung: Kösel, Kempten
Printed in Germany
ISBN 3-466-11073-4

Inhalt

Inhalt

Die Brombeeren 65

Die Roten und Weißen Johannisbeeren 79

Inhalt

Einleitung

Zuweilen entsteht der Eindruck, als sei der Beerenobstanbau – die Erdbeeren mal ausgenommen! – ein wenig in Vergessenheit geraten. Der Griff ins Regal im Supermarkt, wo konventionell angebautes Obst aller Art aus aller Herren Ländern frisch und konserviert zu finden ist, hat etwas Verführerisches.

Unter gärtnerischen Gesichtspunkten spricht jedoch gerade der vergleichsweise geringe Arbeitsaufwand, der mit dem Beerenobstanbau verbunden ist, für den eigenen Beerenobstanbau!

Vielleicht empfinden viele Menschen manche Beerenobstarten (wie Johannis-, Stachel-, Him- und Brombeeren) zu säure- und kernreich. Das würde aber zeigen, daß der Geschmack dieser Menschen von den stets regelrecht verzuckerten käuflichen Obstkonserven bereits „verdorben" ist.

Wir Biogärtner jedoch wissen nur zu gut, wie unvergleichlich aromatisch naturgemäß gezogenes Beerenobst schmeckt! Außerdem schätzen wir den hohen, durch nichts zu ersetzenden Gesundheitswert biologisch gezogener Früchte.

Während der Arbeit an diesem Buch ereignete sich die Reaktorkatastrophe von Tschernobyl. Über Europa zogen radioaktive Wolken, mit dem Regen kam das Gift auf unsere Böden herab. So mancher Bioanbauer wird sich in der ersten Zeit gedacht haben: „Aufhören, aussteigen, alle Mühe umsonst!"

Nun bleibt natürlich die Tatsache bestehen, daß Menschen ihre Nahrung weiterhin anbauen müssen.
Die radioaktive Strahlung kam, mehr oder weniger konzentriert, überall hin.
Der Biogärtner kann nun dafür sorgen, daß zu diesem „Gift ohne Grenzen" nicht noch zusätzliche Schadstoffe wie Pestizide und Nitratüberschüsse den Boden und letztlich über die Nahrung den Menschen belasten.

Solange noch diese und andere mörderische Techniken bestehen, bleibt dem bewußt lebenden Menschen „nur" die bessere Alternative.
Das heißt für uns:
<u>Unter Berücksichtigung aller (in der Presse publizierten) Vorsichtsmaßnahmen naturgemäßen Gartenbau betreiben, Vollwertkost essen und stets so ökologisch wie möglich handeln!</u>

Wir Biogärtner und -bauern verstehen uns nicht nur als Anbauer besserer Nahrung, sondern unsere Aufgabe ist es, die Erde und uns Menschen heilen zu helfen.

Allgemeines über Beerenobst

Him-, Brom-, Erdbeeren und Hagebutten gehören, ebenso wie die Obstbäume, der großen Familie der Rosengewächse (Rosaceae) an.
Johannis- und Stachelbeeren sind Steinbrechgewächse (Saxifragaceae).
Die Wildformen der meisten Beerenobstsorten hatten ihre ursprüngliche Heimat in den lichten Laubwäldern.
Dort ist es der Waldrand, der ihnen am besten zusagt.

Wir Beeren-
obstanbauer
sollten also
die Zustän-
de, die
am
Wald-
rand herrschen, in unsere Anbau- und Pflege-
überlegungen mit einbeziehen.

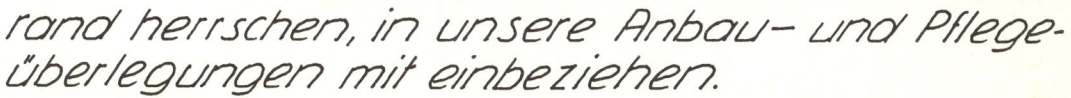

Vom Nutzen des Beerenobstverzehrs

Obst sollten wir täglich und möglichst roh essen. Jedes Kind und alle Gartenfreunde unternehmen gerne kleine Streifzüge durch das Beerenobstrevier, um darin zu naschen.

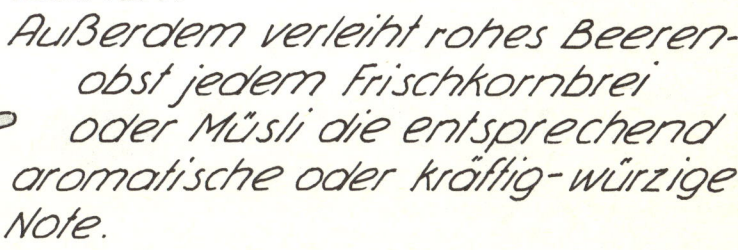

Außerdem verleiht rohes Beeren-
obst jedem Frischkornbrei oder Müsli die entsprechend aromatische oder kräftig-würzige Note.

Der Organismus von uns Mitteleuropäern ist auf die speziellen Verhältnisse dieses Erdteils eingestellt. Die Obstarten, die hier ohne gro- ßen Pflegeaufwand gut gedeihen, sind für uns auch die bekömmlichsten.

Beim Beerenobst leuchtet uns die ganze Farb- skala der Natur entgegen. Nicht nur für unsere Augen ist das eine kräftige, vielseitige Nah- rung.
Die unterschiedlichen Farben sind nicht zufällig da, sie bestimmen den ganzen Charakter einer Frucht. Außer den reichlich vorhandenen Vitaminen und Mineralstoffen sind es diese natürlichen Farbstoffe, die unser Organismus auch benötigt.

Die wertvollen Inhaltsstoffe verschiedener Beerenobstsorten

100 g rohes Obst enthalten:	Mineralstoffe in mg						*µg	Vitamine in mg					Gesamtzucker-gehalt in g	Gesamtsäure-gehalt in g
	Natrium	Kalium	Kalzium	Phosphor	Magnesium	Eisen	A*	E	B1	B2	Niazin	C		
Erdbeere	2	156	24	25	15	1,0	13	0,2	0,03	0,06	0,6	62	3-10	0,7-3
Himbeere	1	169	31	33	36	1,0	7	—	0,03	0,07	0,6	25	3,4	2,8
Brombeere	2	127	7	11	6	0,4	53	—	0,03	0,04	0,3	19	4,3	1,0-1,8
Johannis-beere rot	1	238	29	27	13	0,9	7	0,2	0,04	0,03	0,2	36	4,4	2,5
Johannis-beere schwarz	3	341	53	40	17	1,2	23	1,0	0,05	0,05	0,3	189	7,9	3,3
Stachelbeere	1	179	24	23	15	0,6	35	—	0,02	0,02	0,3	34	4,9	2,0
Kulturheidelbeere	1	73	13	11	2	0,9	26	—	0,03	0,06	0,5	18	9,4	0,8
Hagebutte	—	—	—	—	—	—	—	—	—	—	—	1250	—	—

— = keine Daten vorhanden $1\,mg = \frac{1}{1000}\,g$ $1\,µg = \frac{1}{1000000}\,g$

Die meisten Speisen enthalten doch einseitig
viel Weiß, Gelb und Grün. Unsere Nahrung
wird durch die roten Erd-, Him- und Johannisbeeren, durch die violettschwarzen Brom-,
Josta- und Johannisbeeren und die tiefblau-
en Heidelbeeren vorteilhaft ergänzt.

Für den Rohgenuß benötigen wir natürlich
rückstandsarmes Beerenobst,
frei von chemischen Spritz-
mitteln und aus Gärten
stammend, die nicht gerade
in der Nähe einer vielbe-
fahrenen Straße liegen.

Beerenobst im Wohngarten

Viele Gartenbesitzer haben entweder kleine Gärten, oder (und) sie legen besonderen Wert auf
einen schönen ordentlichen Garten.
Möglicherweise beginnt der eine oder andere
Gartenfreund umzudenken.
Vielleicht will seine Familie ihre
Nahrung auf naturbelassene
umstellen, oder die Kinder wollen nicht nur Augen-, sondern
auch Gaumengenüsse finden.
Das ist kein Problem, denn Beerenobst ist gut
in den Ziergarten integrierbar.

Halb- und Hochstämmchen von Johannis- und
Stachelbeeren sehen mit ihren Früchten ganz
reizend aus. Die Wildrose gilt ohnehin
als Gartenschmuck, aber auch Brom-
und Himbeeren können in eine
Gebüschgruppe eingeordnet werden oder an einem schmückenden
Spalier stehen.

Auch Erdbeeren schmücken während der Blüh- und Fruchtzeit Ampeln und Schalen auf dem Balkon.

Die Vorzüge des Beerenobstes

Beerenobst ergänzt in mittleren bis großen Gärten das Baumobst, bringt zudem früher einsetzende Erntezeiten mit sich.
Für den kleinen Garten sind die Beeren mit ihrem geringen Platzbedarf die einzig möglichen Obstsorten.

Weitere Vorzüge:

- Es paßt in unser Klima, wächst darum problemarm und reift auch in nassen und kühlen Sommern;

- es erfordert weniger Pflegearbeit als Baumobst;

- es trägt in jedem Jahr (keine Alternanz);

- der Ertrag beginnt früh (z.B. Erdbeeren im ersten, Johannis- und Stachelbeeren im zweiten Jahr nach der Pflanzung);

- geringer Platzbedarf, Heckenpflanzung möglich;

- es ist frischer als gekaufte Beeren und köstlicher im Aroma;

- wir können uns leisten, viele Beeren zu essen (gekaufte sind der hohen Pflückkosten wegen teuer);

- es gilt, wenn rückstandsarm und wenig verarbeitet, sogar als Heilnahrung;

- Erntezeiten können bei gezielter Sortenwahl von Juni bis Ende Oktober dauern.

Standort

Beeren wachsen gern an sonnigen bis halbschattigen Stellen. Beachtet werden sollte
dabei, daß Him-, Brom- und auch die Johannisbeeren den Boden „ausräubern"
und darum nicht zu dicht bei
Obstbäumen stehen sollten,
von denen wir gute Erträge
erwarten.

Bei Beerenobst ist,
genau wie im Gemü-
sebau, Mischkultur
der Monokultur (reines Beerenobstrevier) vorzuziehen.

Düngung

Die meisten Beerenobstsorten vertragen
chlorhaltige triebige Düngemittel nicht. Auch
deswegen ist für dieses Obst die biologische
Düngungs- und Pflegeweise die einzig richtige.

Bodenprobe

Etwa 8 verschiedene Stel-
len im Pflanzbereich be-
stimmen an denen Proben
entnommen werden.

Mit dem Spaten 20cm
tief in den Boden
stechen und
eine
Scheibe
Erde her-
ausnehmen.

Über die gesamte Län-
ge des Spatenblatts
mit einem Löffel
eine Probe abstrei-
fen.

Alle Proben
in einen
Eimer
geben und
gut durch-
mischen.

Von diesem
Gemisch
200-500g in einen
Kunststoffbeutel füllen.

Versandfertig machen.

Eventuell
Begleitschreiben
beifügen.

Vor der Neupflanzung, aber auch in älteren Anlagen sollte eine Bodenuntersuchung

vorgenommen werden und an die jeweiligen Lufa's (Landwirtschaftliche Untersuchungsanstalten) oder an andere Bodenuntersuchungsinstitute geschickt werden.
Als Ergebnis bekommen wir meistens, wenn nicht anders angefordert, die Kali-, Phosphor- und pH-Werte.

Weist die Bodenanalyse Nährstoffmangel aus, geben wir gut mit Stein- mehl und Kalk versorg- ten Kompost aufs Beerenobstland.

Fehlt Kompost oder ist nicht genug davon vorhanden, gibt es auch noch andere naturgemäße Mittel mit hohen Kali-, Phosphor- oder Kalkgehalten.

Mangelerscheinung	wird behoben durch:
Kali	Basaltmehl, Holzasche, Comfrey, trockenes Farnkraut
Phosphor	Knochenmehl, bei großem Mangel auch Thomasmehl, Hühnermist, Schweinemist
Kalk (pH-Wert zu niedrig)	Algenkalk, Mergel, Jurakalk, (auch Gesteinsmehle und Holzasche enthalten beträchtliche Mengen Kalk)

Nach etwa 5 jähriger biologischer Anbau- weise mit ständiger Bodenbedeckung, Kompostwirtschaft und den Pflanzenjauche-

gaben reichern sich die Böden mit Kali,
Phosphor und Magnesium ausreichend an.

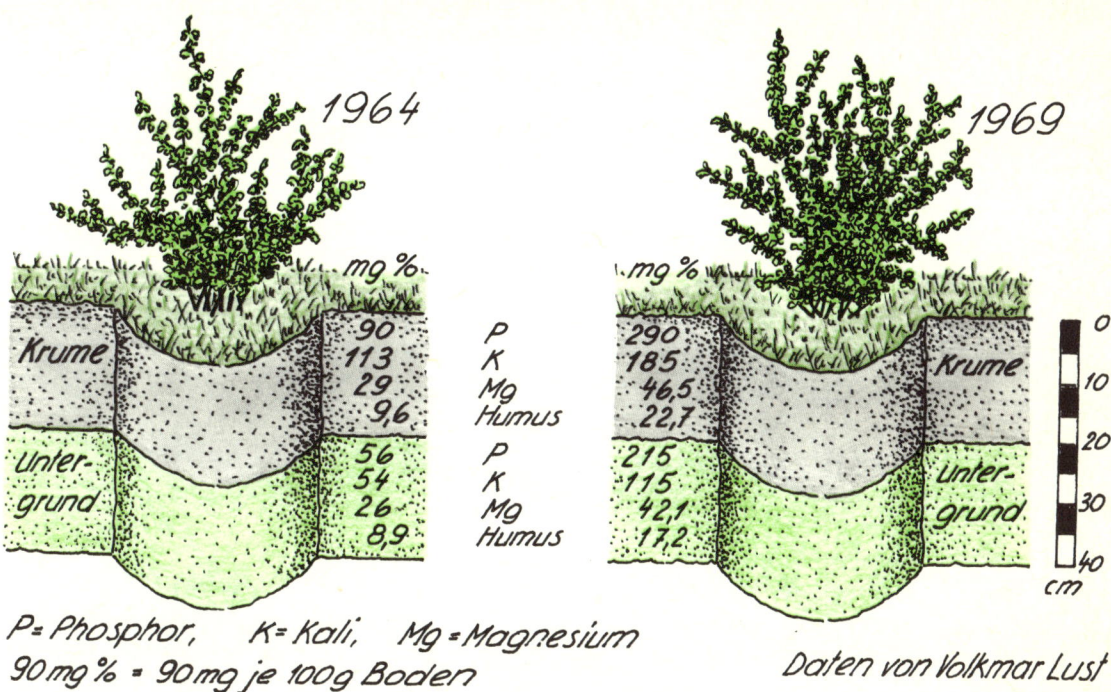

	1964		1969	
	mg %		mg %	
Krume	90	P	290	P
	113	K	185	K
	29	Mg	46,5	Mg
	9,6	Humus	22,7	Humus
Unter-grund	56	P	215	P
	54	K	115	K
	26	Mg	42,1	Mg
	8,9	Humus	17,2	Humus

P = Phosphor, K = Kali, Mg = Magnesium
90 mg % = 90 mg je 100 g Boden

Daten von Volkmar Lust

Laufend überprüft werden muß dann nur
noch der pH-Wert (etwa alle 2 Jahre), weil der
saure Regen zu einem raschen Absinken
des benötigten Wertes führen kann.

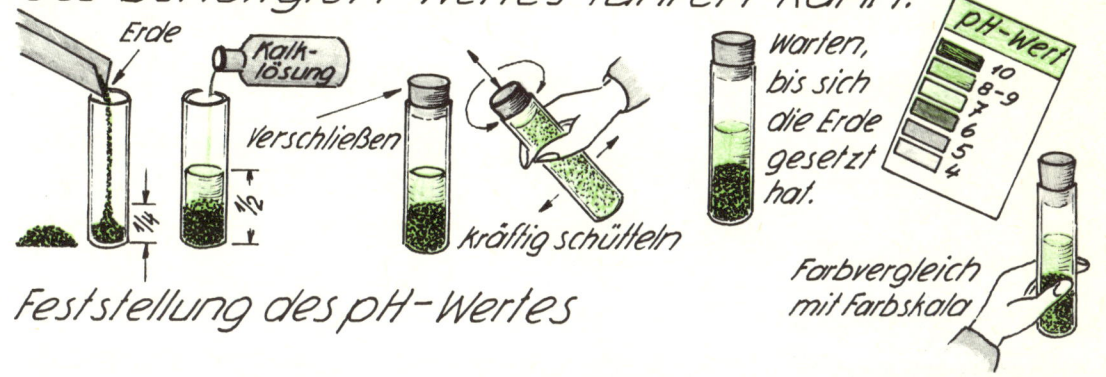

Feststellung des pH-Wertes

Nährstoffbedürfnisse einzelner Beerenobstsorten

Die Stachel-, Him- und rote
Johannisbeere benötigen reichlich
Kali. Den schwarzen Johannis- und den
Himbeeren bereitet Magnesiumunterversorgung
Probleme.

Der Stickstoffbedarf liegt bei Erdbeeren und schwarzen Johannisbeeren am höchsten, bei Heidelbeeren dagegen recht niedrig; die übrigen Sorten kann man bei den Mittelzehrern einordnen.

Stickstoffdüngung

Normalerweise reicht eine 1–3 cm dicke Kompostschicht zur Stickstoffversorgung aus. *

Gruppe	Name	Alle 2 Jahre eine Kompostgabe in Höhe von...
Starkzehrer	Schwarze Johannisbeere Erdbeere	3 cm
Mittelzehrer	Johannisbeere (rot und weiß), Himbeere, Brombeere, Jostabeere, Stachelbeere	2 cm
Schwachzehrer	Heidelbeere	1 cm

Ist kein nährstoffreicher Kompost vorhanden, können organische Dünger wie Hornmehl, -späne oder Rizinusschrot verwendet werden.
Diese Düngung kann geringer ausfallen, sofern nährstoffreicher Mulch (Grünmaterial oder Rindenkompost mit Dünger) verwendet wird.

*Mehr über Bodenleben Düngung und Kompost finden Sie im Buch „Freude am leben - Biogarten" von Bruns/Schmidt, Kösel-Verlag München

Alle Düngungsarten sollen stets mäßig angewandt werden. Eine gewisse Vorsicht vor Über-
düngung als Umweltschutzbeitrag sollte
jedem bewußt sein!

Die Nitrat (Stickstoff)- und Kaliüberschüsse
werden nämlich durch Regen ausgewa-
schen und schädigen das Grundwasser, Wasser, das wir trinken!
Phosphorüberdüngung hingegen kann zu
hoher Cadmiumanreicherung im Boden und
in der Pflanze führen. Durch die Nahrung
aufgenommen, schädigt Cadmium die Nie-
ren des Menschen.

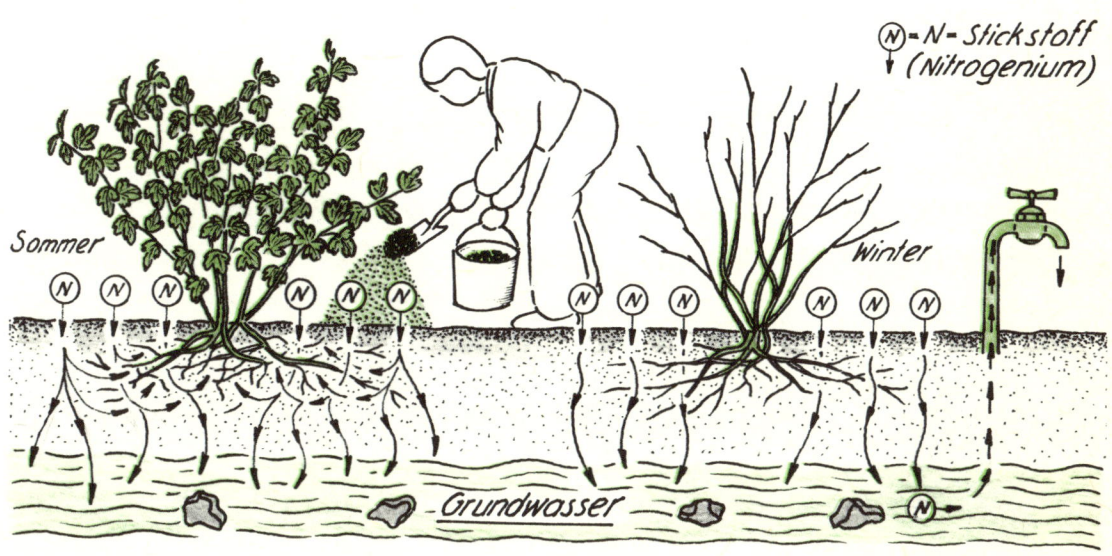

Während der Vegetationszeit werden maßvolle Düngermengen von
der Pflanze verarbeitet. Während der Winterruhe ist keine Aufnahme möglich, darum im Herbst keinen Dünger streuen.

Bodenbearbeitung

Der Boden zwischen und neben den Bee-
rensträuchern darf auf keinen Fall umge-
graben werden, befinden sich doch die
meisten Wurzeln dieser Pflanzen dicht unter
der Bodenoberfläche. Sie würden beim Umgraben abgestochen.

Dadurch würden die Pflanzen so leiden, daß die Erträge gering und die Krankheits-anfälligkeiten hoch wären.

Der Boden wird statt dessen mit einem Durchreißer vorsich-tig und flach bearbeitet.

Feste und ver-dichtete Böden lockern wir, indem wir eine Grabegabel in den Boden stecken und ein wenig hin und her bewegen.
Diese Bearbeitung des Bodens geschieht bei leichten Böden nur vor dem ersten Mul-chen.
Bei schweren und verdichteten Böden muß sie wohl noch 3 – 4 mal vor jeder neu-en Mulchauflage wiederholt werden.

Mulchschicht

Dauernde Bodenbedeckung läßt den Boden unter dem Mulchmaterial locker und krümelig werden, jede mechani-sche Lockerung erübrigt sich mit der Zeit. Nur wenige Wildkräuter (Unkräuter) stoßen durch diese Mulchschicht. Sie lassen sich leicht ausreißen.

Bodenbedeckung
Beerenobststräucher mögen eine ganzjäh-rige Bodenbedeckung. Diese schützt und nährt die Wurzeln, und unter ihr ist der Bo-den meistens feucht.
Grundsätzlich sollte also gemulcht werden.

Das Mulchmaterial für Beerenobst sollte am besten weniger aus frischem Grasschnitt, sondern aus trockenem Material wie Heu, Stroh, Laub, trockenem Farnkraut oder Schilf bestehen.

Heu   Stroh   Laub   Farnkraut(trocken)   Schilf

Darunter gemischt werden sollte

Heckenschnitt,   Baumschnitt,   Rinde oder Hobelspäne

um das Material aufzulockern und mit Holzanteilen (ähnlich dem Waldbodenzustand) zu versehen.

Die Handelsware „Rindenhumus" eignet sich als Mulchmaterial für Beerenobst. Allerdings sollten bei uns nur Produkte Verwendung finden, die frei von Klärschlamm- und Hühnerkotzusätzen aus Massentierhaltung sind.

Das Mulchmaterial sollte einmal im Frühjahr und ein zweites Mal im Herbst recht dick (5-20cm) aufgelegt werden. Zusätzlich streuen wir immer dann, wenn die alte Schicht verrottet ist, etwas nach. Nur die Erdbeeren sollen den Winter über nicht zu dick eingepackt werden, die Blätter faulen in nassen Wintern sonst leicht.

Auch Gründünger steht zwischen Beerenobst-Sträuchern günstig. Senf oder Phacelia kommen hierfür in Frage. Zwischen Him-, Johannis- oder Stachelbeeren eignen sich bestens die ausdauernden Weiß- oder Gelbkleearten.

Phacelia   Senf   Weißklee   Gelbklee   Kapuzinerkresse   Ringelblume   Vergißmeinnicht

Sie versorgen die Sträucher ausreichend mit Stickstoff.
Frühjahrsblüher, Vergißmeinnicht, Kapuzinerkresse und Ringelblumen nützen den Sträuchern, solange deren Lichtversorgung ausreicht.

Krankheiten

Der Schaden durch Pilzbefall ist heutzutage größer als der durch Insekten verursachte. Schuld daran sind die Monokulturen, die rasche Resistenz vieler Pilzarten gegen chemische Mittel (die für unsere Anbauart jedoch keinesfalls in Frage kommen), die triebigen Düngungen und die Emissionen aus der Luft („saurer Regen").
Dazu kommt oft noch ein zu dichter Stand, der das Trocknen der Pflanzen verhindert.

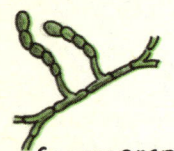
Sommersporen

Wintersporen

Echter Mehltaupilz

Die Pilzmyzelien der verschiedenen Pilzarten wie die des Mehltaus, Grauschimmels, Schorfs, der Monilia, Lederfäule, Blattfallkrankheit u.a.m. überwintern im Boden, an Fruchtmumien, alten Blättern, Stengeln oder an der Rinde. Begünstigt durch die ersten warmen Regenfälle, beginnen die Sporen auszuschwärmen.

Blattfallkrankheit

Fruchtmumie

Sie werden meterhoch in die Gegend geschleudert und befinden sich bei feuchtem Wetter und Temperaturen über 15°C schließlich überall in der Luft.

Sie setzen sich auf Blätter und Blüten und infizieren diese.
Bis wir den Schaden erkennen, sind die befallenen Blätter oder Früchte schon so krank, daß sie nicht mehr zu retten sind.

Grauschimmel

Nun kommt es darauf an, die übrige Pflanze zu schützen. Noch besser ist es, bei Pilzkrankheiten vorbeugend zu arbeiten.

In Jahren mit normaler Witterung genügen im Biogarten die biologischen Anbauweisen (Kompostdüngung, Bodenbedeckung, Nichtgraben), kombiniert mit den Pflanzenstärkungsmittel Brennessel oder Comfrey, Schachtelhalm und käuflichen Mitteln wie Algenkalk und Algifert.

Haben wir jedoch eine ungünstige Witterung, nämlich eine regnerische und milde in der Austriebs- und Blütezeit, müssen wir unsere Pflanzen stärker schützen.

Biologische Beerenobstpflege

Im zeitigen Frühjahr (etwa Anfang bis Mitte März) werden auf frostfreiem Boden der gesamte Garten, sämtliche Sträucher und Bäume mit einer Mischung aus verdünnter Schachtelhalmbrühe und verdünntem Rainfarntee gespritzt.

Schachtelhalm hilft vorbeugend gegen Pilzkrankheiten, Rainfarn gegen tierische
Schädlinge.
Das Gießen der Beerenobst-
pflanzen zwei- bis dreimal
im Jahr mit verdünnter
Brennessel- oder
Comfreyjauche trägt
zur Bodenlebentätigkeit
bei und düngt mäßig.

Wer nicht gern mit Jauchen arbeitet, kann
diese Kräuter auch als Tee aufbrühen.

Gegen Pilzbefall hilft auch ein Tee aus Knoblauch oder Zwiebeln.

Der Stammanstrich Preicobakt* hilft verdünnt,
im Februar gespritzt, gegen Pilz- und Schädlingsbefall, außerdem gegen Vogelfraß.

Bei ganz ungünstigem Wetter werden Bio-S,*
Artanax-S* oder die NAB-Mischung* mit einer
Zugabe von Algifert* gespritzt oder feinstver-
mahlene Gesteinsmehle gestäubt.

Bei den einzelnen
Beerensorten werden
die spezifischen Krank-
heiten und deren Be-
handlung ausführlicher
beschrieben.

*Im Handel erhältliche hochwirksame, biologische
Fertigpräparate. Nähere Beschreibung auf Seite 26.

Kräutertees und -jauchen

Vollständig vergorene Brennesseljauche (Comfrey)

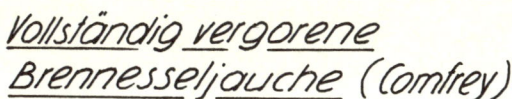

1Kg frisches Material oder 250g Pulver

über 14 Tage vergären lassen

Wasser

1:10 verdünnt: Aktivierung des Bodenlebens

1:20 verdünnt: Wachstums- fördernd, gegen Welkkrankheit und Blattchlorose

Kurzzeitig (4-5 Tage) gären- de Brennesseljauche

1Kg frisches Material oder 250g Pulver

4-5 Tage gärend

Wasser

1:10 verdünnt: gegen Blattläuse

Brennesselauszug

1Kg frisches Material oder 250 g Pulver

ca. 24 Std stehen lassen

Wasser

unverdünnt: Pflanzenstär- kend indirekt, gegen Blattläuse

Schachtelhalmbrühe

1Kg frisches Material oder 150g Pulver

10 l Wasser

20-30 Min. kochen

+1% Wasserglas (erhöht die Haftfähigkeit)

1:5 verdünnt: Vorbeugend gegen Pilzkrankheiten

Rainfarntee

300g frisches oder 30g getrocknetes Material

10 l kochendes Wasser

unverdünnt: gegen Erdbeermilben, Blattwespen, Brombeer- milben, Himbeerkäfer

1:2 verdünnt: gegen Rost u. Mehltau

1:1,5 verdünnt: gegen Blattflecken- krankheit an Tomaten

Knoblauch-Zwiebeltee

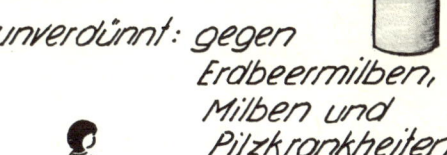

75 g zerhackte Knollen

10 l kochendes Wasser

unverdünnt: gegen Erdbeermilben, Milben und Pilzkrankheiten

Insgesamt 3mal im Abstand von 3 Tagen spritzen

Pflanzenschutz – und Pflanzenpflegemittel

Algifert

Konzentration aus Meeresalgen, Auxinen und Enzymen mit zahlreichen Spurenelementen. In 3-4wöchigem Abstand von Mai bis Spätherbst anwenden. In der Verdünnung von einem Teelöffel auf 10 l Wasser dient es der biologischen Blattdüngung und Stärkung der Widerstandskraft der Pflanzen.

Artanax

Dieses aus Heil- und Wildkräutern, Meeresalgen und Mineralien hergestellte Spritzmittel ist in der Mischung von 70 g auf 10 l Wasser für ein besseres Wachstum und als Schutz vor Insekten- und Pilzbefall für alle Kulturpflanzen einsetzbar. „Artanax-S" enthält zusätzlich Schwefel. Dieser verstärkt die pilzhemmende Wirkung.

Bio-S

Aus einer Kombination von Kalk, silikonhaltigen Mineralien, Heilkräutern, Meeresalgen und Schwefel besteht dieses gegen Pilzbefall vorbeugende und pflanzenstärkende Mittel. Bio-S wird hauptsächlich gegen Schorf und andere Pilzkrankheiten im Obst- und Gemüsebau in 14tägigem Abstand vorbeugend gespritzt. Man nimmt 70 g auf 10 l Wasser.

NAB-Mischung

Besteht zu je einem Drittel aus Netzschwefel, Algenkalk und Bentonit. Diese Mischung schützt in der Verdünnung von 100 g auf 10 l Wasser vor Schorfbefall an Obstbäumen und bringt die Gallmilben an schwarzen und roten Johannisbeeren zum Verschwinden.

Pyrethrum

Bei starkem Schadinsektenbefall greifen wir zu Pyrethrum, einem Pflanzengift, hergestellt aus einer Chrysanthemenart. Es wirkt als Berührungsgift auf alle Insekten außer den Bienen (aber leider auch auf Schwebfliegen, Marienkäfer u.a.). Es baut sich schnell ab. Für Mensch und Haustiere ist es ungiftig, jedoch nicht für Fische. Es ist unter dem Namen „Spruzit," „Ledax-Insekt" oder „Parexan" im Handel erhältlich.

Preicobakt

Dieses Präparat hat sich bei Obstgehölzen während des blattlosen Zustands als Vorbeugemittel gegen Moose, Flechten, Frostschäden und Knospenfraß durch Vögel bewährt. Außer zum Stammanstrich sollte es auch noch als Kronenspritzung verwendet werden. Das aus wertvollen organischen und mineralischen Natursubstanzen bestehende Pulver wird als Stammanstrich im Mischungsverhältnis von 2 kg auf 10 l Wasser und als Spritzmittel von 500 g auf 10 l Wasser eingesetzt.

SPS

Konzentrat aus Wildkräuterextrakten mit Protoanemonin. Pilz- und Virusvorbeugemittel mit hoher Wirksamkeit. Es hat sich zur guten Stecklingsbewurzelung und zur Pflege von Aussaaten und pikierten Jungpflanzen gegen Keimlingspilze gut bewährt. Im allgemeinen besteht das Mischungsverhältnis aus 200 ml SPS auf 10 l weiches Wasser.

Die Erdbeeren (Fragaria ananassa)

Mit der Erdbeere als frühestes Gartenobst gewinnen Selbstversorger den Anschluß an die Obstversorgung durch Lageräpfel.

Traditionell werden Erdbeeren zum Beerenobst gerechnet,

Blütenkelch

Nüßchen
Samen

obwohl, botanisch gesehen, ihre Früchte keine Beeren, sondern Sammelfrüchte mit Nüßchen sind (entwickelt aus dem fleischig werdenden Blütenboden) und die Pflanzen zu den ausdauernden Stauden gezählt werden.

Unsere heutige Gartenerdbeere ist das Ergebnis von Kreuzungen der Scharlach- und Chileerdbeere. Diese Kreuzung fand vor ca. 170 Jahren statt. Inzwischen wurden mehr als 1000 Sorten gezüchtet, und diese Zuchtarbeit wird laufend fortgesetzt.

Viele Sorten wurden verbessert, und erhältlich sind im Fachhandel heutzutage ca. 30 Sorten. Wir beschreiben einige der bekanntesten und bewährtesten Sorten in den folgenden Tabellen.

Einmaltragende Erdbeersorten

Name	Reifezeit	Frucht u. Geschmack	Ertrag	Wuchseigen-schaften	Krankheitsanfälligkeit
Bogota	spät	groß, fest, mäßig saftig u. aromatisch	sehr hoch	stark	Mehltau: ja Grauschimmel: mittel
Elvira	früh	groß, fest, wohlschmeckend	sehr hoch	mittel	Mehltau: ja Grauschimmel: gering
Gorella	früh	mittel, drucktest, saftig, wohlschmeckend	mittel bis hoch	mittel bis stark	Grauschimmel: mittel
Hummi Ferma	mittel	groß, fest, säuerlich, aromatisch	Massenträger	mittel bis stark	Grauschimmel: mittel
Hummi Grande	mittel	sehr groß, weich, fleischig, aromatisch	ertragreich	sehr stark	milbenanfällig
Jubilae	früh	mittel, fest, sehr süß	sehr gut	stark aufrecht	gesund
Korona	mittel	groß, fest, hocharomatisch	sehr hoch	stark	Grauschimmel: mittel
Macheraus Marieva	früh	groß, rund, feinstes Aroma	mittel	stark	Mehltau: ja Grauschimmel: mittel
Red Gauntlet	mittel	groß, fest, säuerlich, wenig aromatisch	mittel	stark sparrig	Grauschimmel: mittel
Regina	früh	groß, angenehm süß-säuerlich	mittel	kräftig, trocken-fest	gesund
Senga Precosana	früh	groß, süß, hocharomatisch	mittel	mittelstark	Milben u. Älchen: ja
Senga Sengana	mittel	mittel, saftig, säuerlich, aromatisch	sehr hoch	sehr stark	Grauschimmel: hoch

Einmaltragende Erdbeersorten

Name	Reifezeit	Frucht u. Geschmack	Ertrag	Wuchseigen-schaften	Krankheitsanfälligkeit
Tenira	mittel	groß, fest, saftig, sehr aromatisch	hoch	starkwüchsig	Grauschimmel: gering
Vigeria	mittel	mittelgroß, saftig, aromatisch	mittel	mittelstark	Mehltau: ja
Vescana	mittel	mittel, feinstes Wald-erdbeeraroma	hoch	viele Ranken, dichter Wuchs	resistent, wächst auch unter Bäumen

Zweimaltragende Erdbeersorten

Name	Reifezeit	Frucht u. Geschmack	Ertrag	Wuchseigen-schaften	Krankheitsanfälligkeit
Fortuna Phänomen	ab Juni laufend	groß, aromatisch	mittel	mittel	nicht bekannt
Herzberg Triumpf	1. mittel 2. ab August	mittel, süß-säuer-lich	gut	schwach	Laub ist anfällig für die Weißfleckenkrankheit
Hummi Gento	1. Mitte Juni 2. Ende Juli bis z. Frost	mittel, fest säuerlich, wohlschmeckend	hoch, kann als Spaliererdbeere gezogen werden	stark, trägt an den Ausläufern	milbenanfällig Grauschimmel: mittel
Hummi Kletter-erdbeere	Juni bis z. Frost	groß, guter Geschmack	gut: Balkon und Trogerd-beere	kräftig, bis 1,5 m hoch	bei gutem Gießen und Winterschutz gesund
Macheraus Dauerernte	1. ab Juni 2. ab Ende Juli bis z. Frost	groß, edles Aroma	hoch	stark	gesund
Ostara	1. ab Juni 2. ab August	groß, säuerlich, aromatisch	hoch	stark	Grauschimmel: mittel

Einmaltragende Erdbeersorten

Diese Sorten besitzen nur weibliche Blüten und benötigen eine gleichzeitig blühende zweite Befruchtersorte

Name	Reifezeit	Frucht u. Geschmack	Ertrag	Wuchseigenschaften	Krankheitsanfälligkeit
Direktor Paul Wallbaum	mittel	mittel fest würziges, feines Aroma	mittel	mittel	in nassen Jahren weißfleckenkrank
Macheraus Späternte	spät	groß, wohlschmeckendes Aroma	mittel, beste Spätsorte	kräftig	gesund, widerstandsfähig
Mieze Schindler	mittel-spät	mittel, es ist die „Erdbeerdelikatesse"	mittel	schwach, niedrig	gesund

Der Gesundheitswert der Erdbeeren

Erdbeerfrüchte enthalten viel Vitamin C, 60 – 100 mg pro 100 g, das entspricht dem Vitamin-C-Gehalt der Südfrüchte.

Sie nützen mit ihrem Mineralstoff- und Vitamingehalt unserem Kreislauf, der Verdauung und stärken unsere Abwehrkräfte.

Sie und ihre Blätter wirken harntreibend, entschlackend und helfen besonders Steinleidenden, Rheumatikern und Leberkranken.

Den Erdbeeranbauern, ob groß oder klein, sind vor allem Eigenschaften wie gutes Aroma, Reifezeit, Ertragshöhe, Krankheitsresistenz (besonders gegen Grauschimmel), Verarbeitbarkeit und Tiefkühlfähigkeit wichtig.

Ältere Sorten benötigten noch eine Befruchtersorte mit gleicher Blütezeil, heutzutage besitzen fast alle Sorten zwittrige Blüten und bestäuben sich dadurch selbst.

Blütengeschlecht

zwittrig   weiblich

Hochgezüchtete Erdbeersorten lassen in Ertrag und Widerstandsfähigkeit leicht nach. Allgemein wird darum nach etwa 6 Jahren ein Ersetzen durch anerkanntes Pflanzgut empfohlen.
Wir selbst konnten diese Abbauerscheinungen im eigenen Biogarten nicht beobachten. Wir ziehen seit 1978 den Nachwuchs aus eigenen Ablegern.
Unsere Erdbeerpflanzen lassen weder im Ertrag nach, noch zeigen sich auffällige Krankheitserscheinungen. Wir schreiben diese Ergebnisse den biologischen Anbaumethoden zugute.

Um Erdbeeren den ganzen Sommer über genießen zu können, baut man Früh-, Mittel- und Spätsorten an.

Mehrmaltragende Sorten
Es gibt inzwischen Sorten, die nicht nur einmal, sondern pro Saison zweimal tragen. Während die einmaltragenden Sorten von Juni bis Juli eine reiche Ernte erbringen, entwickeln die

meisten zweimaltragenden Sorten bei der 1.
frühen Ernte etwa nur halb so viele Früchte.
Die 2., oft größere Hälfte
verteilt sich auf die Monate
August bis Oktober.

Wir können die 2. Ernte
verfrühen und erhöhen,
wenn wir durch Ausknei-
fen der Frühjahrsblüten auf die Früchte der
1. Ernte verzichten.

Da diese Pflanzen eine große (eigentlich un-
natürliche) Leistung vollbringen, bedürfen sie
besonderer Pflege und Düngung.
Dazu gehört auch das Auskneifen der Blütenknospen ab Mitte September.
Diese (spätesten) Früchte reifen sowieso nicht
mehr und zehren nur unnötig von der Pflanze.
Die zweimaltragenden Pflanzen sind nach
2, spätestens 3 Jahren erschöpft und müssen durch Neupflanzungen ersetzt werden.

Standortbedürfnisse

Erdbeeren gedeihen auf fast allen Böden
(außer den staunassen), wenn diese einen
ausreichenden Humusgehalt aufweisen.
Humusarme Böden sollten darum
mit Komposterde und Laub-
kompost aufgewertet wer-
den.
Leichte Böden eignen
sich der schnellen Er-
wärmbarkeit wegen für
frühe Sorten besonders gut.
Wichtig ist der für die jeweiligen Böden

angemessene pH-Wert. Er sollte bei Sand-
böden aller Arten zwischen 5,2 – 6 liegen
und bei Löß, Lehm und leicht tonhaltigen
Böden ca. pH 6,8 betragen.

Zu niedrige Werte können durch
Gaben von Algenkalk, Kalkmergel
Gesteinsmehlen oder Holzasche
ausgeglichen werden.

Erdbeeren schmecken zwar besser, wenn sie
in der Sonne wachsen, sie gedeihen jedoch
auch noch im Halbschatten.
Vor starkem Wind sollten wir sie schützen, sie
benötigen jedoch Luftbewegung.

Mischkultur mit Gemüse
oder Blumen bekommt
ihnen gut. Sparsamer Wildkräuterwuchs
in ihrer Nähe fördert Fruchtbarkeit und Gesundheit.

Bodenbedeckung mit
Stroh während der Er-
tragszeit und in der
übrigen Zeit mit Laub,
trockenem Farnkraut,
Hecken – und Baumschnitt schützt das Bodenleben.

Fruchtfolge und Pflanztermine

Meist läßt man Erdbeeren 2 – 4 Jahre an einer
Stelle stehen. Bei der biologischen Anbau-
weise ist kein Ertragsrückgang zu befürch-
ten. Wenn dann (doch) Neupflanzungen
anstehen, sollte nicht gleich wieder dassel-
be Beet dafür genutzt werden. Nachbau-
schäden könnten leicht die Folge sein.

Eine Pause von 3 Jahren sollte eingehalten werden.
Manche Gartenbesitzer lassen ihre Erdbeeren nur 1 Jahr stehen und freuen sich dann über besonders große und gesunde Früchte.

Aus folgendem Grund sollte früh gepflanzt werden.

Ertragsleistungen bei unterschiedlichen Pflanzterminen	
Pflanztermin	Ertrag in %
25. Juli	100 % Größter zu erwartender Ertrag
31. Juli	90 %
10. August	70 %
20. August	60 %
30. August	50 %
10. September	30 %

Bei der einjährigen Anzucht muß möglichst schon im Juli gepflanzt werden, sonst lohnt sich diese Anbauart nicht.
Zu diesem Zeitpunkt gibt es noch keine Setzlinge zu kaufen, darum müssen die eigenen Ableger genommen werden.

Die Vorkultur von frühen Erbsen, Möhren, Kartoffeln, Salat, Kohlrabi oder Radieschen sollte zu diesem Zeitpunkt geerntet sein.

Natürlich kann statt einer Vorkultur auch eine Gründüngung wie Ackersenf, Phacelia, Ackerbohne oder Lupine das Land verbessern helfen. Die Gründüngung wird kurz vor der Erdbeerpflanzung abgehackt und danach gleich als Mulchmaterial verwendet.

Die Pflanzung

Der Boden wird tief gelockert, denn Erdbeeren sind Flach- und Tiefwurzler zugleich.

Erdbeeren werden in Reihen gepflanzt, deren Abstand 60-80 cm betragen sollte.

Auf einem Beet von 120 cm Breite: 80 cm.
Der Pflanzenabstand in der Reihe soll zwischen 20 und 35 cm liegen. Diese verschieden

großen Abstände ergeben sich aus der Buschgröße der unterschiedlichen Sorten.

Der Boden wird vor dem Pflanzen durch Einarbeiten von Reifkompost verbessert und gedüngt. Dieser Kompost sollte Gesteinsmehl enthalten. Ist das nicht der Fall, sollte pro 1 m² 1 Kg Gesteinsmehl zusätzlich gestreut werden.

Diese Lavamehle enthalten viel Kieselsäure, Mineralstoffe und Spurenelemente und verbessern damit Aroma, Standfestigkeit und Gesundheit der Pflanzen.

Weitere Düngemaßnahmen siehe Seite 15.

Nach dieser maßvollen Düngung wird gepflanzt.

Beet mit Sauzahn tief lockern

Reifkompost und Steinmehl einharken

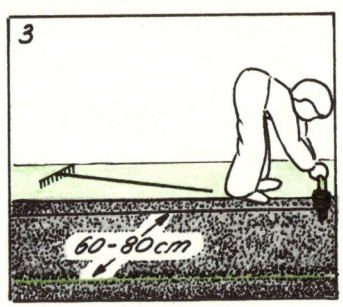

Reihen ziehen

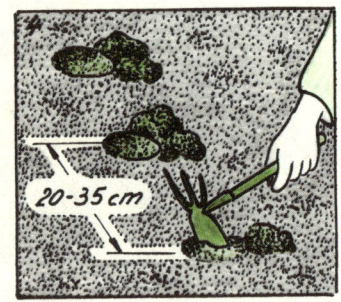

Pflanzlöcher ausheben

Brennesseljauche in die Pflanzlöcher gießen

Jungpflanzen 20 Min. in SPS-Lösung stellen

Jungpflanzen einsetzen

Mulchen

In die Pflanzlöcher wird ein Gemisch aus Brennesseljauche und Regenwasser im Verhältnis 1:2 gegossen. Solch eine Jauche regt die Bodenlebentätigkeit an. In diese feuchten Löcher wird gepflanzt.

Gleich nach der Pflanzung wird entweder mit vorhandenem Material oder käuflichem Rindenkompost gemulcht.

Auf die richtige Wurzellage des Setzlings muß geachtet werden.

geknickte Wurzel, zu hoch, zu tief
falsch — richtig

In die Reihenzwischenräume kann noch Herbstgemüse gepflanzt oder gesät werden,

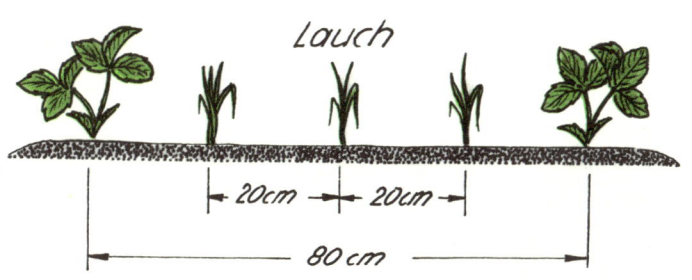

Lauch

20cm — 20cm
80 cm

z. B. Porree (Lauch) oder Feldsalat (Rapunzel).

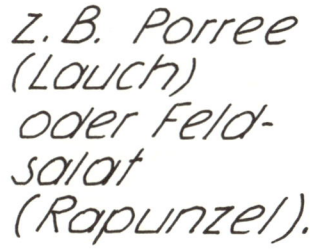 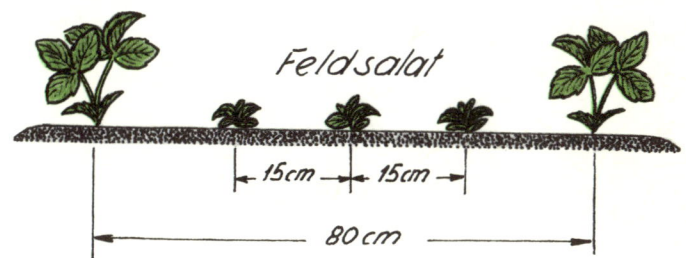

Feldsalat

15cm — 15cm
80 cm

Bei einer Hochsommerpflanzung können wir mit warmem trockenem Wetter rechnen. Darum sollte der Boden kontrolliert und nach Bedarf gewässert werden.
Sollen doch unsere Pflanzlinge kräftig heranwachsen, um im September die bei den Erdbeeren üblichen zahlreichen und starken Blütenknospenanlagen zu bilden.

Ablegeranzucht

Um den Ablegern frühzeitig
das Anwurzeln zu erleichtern,
sollten die Zwischenräu-
me der Reihen, am
Ende der Erntezeit
gut gelockert werden.

Wurzelschonend auflockern

Bei schweren Böden erreichen wir eine Lockerung nicht so leicht und sollten deswegen
die Reihenzwischenräume mit einem Gemisch aus Erde, Kompost und Sand auf-
füllen.

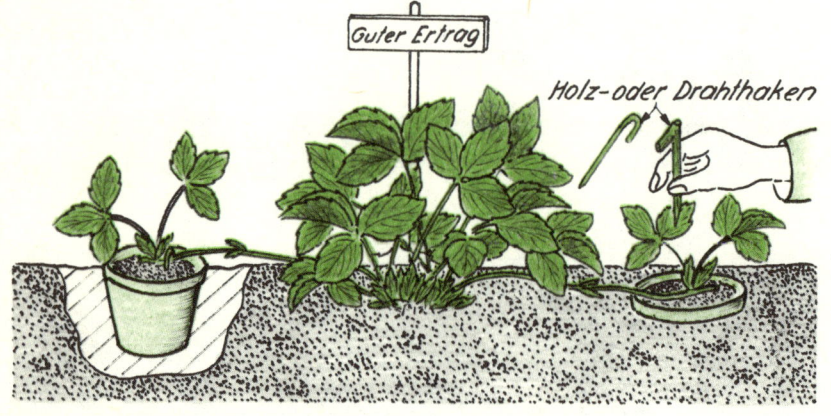

Guter Ertrag

Holz- oder Drahthaken

Wer sich die
Mühe ma-
chen will,
kann mit
lockerem
Erdgemisch
gefüllte
Blumen-
töpfe in die Erde graben und die Ableger
da hineinleiten. Auch hier das Gießen nicht
versäumen.
Auf diese Weise haben die Jungpflanzen bereits einen richtigen
Wurzelballen.

Fortlaufende Düngung

Mit Stickstoff wird direkt nach der Ernte und niemals im Frühjahr gedüngt.
Eine Frühjahrsdüngung würde vorrangig
dem Blattwachstum und nicht dem Frucht-
ansatz dienen, die Pflanzengesundheit be-
einträchtigen und dem Wohlgeschmack
schaden.
Gedüngt werden 1-3 jährige Pflanzen mit

reifem oder angerottetem Kompost. Bei Kompostmangel nehmen wir Hornmehl, –späne oder Rizinusschrot.

Kultur – und Pflegemaßnahmen

Im zeitigen Frühjahr (ca. Ende März) werden Wintermulchreste und trockenes Erdbeerlaub entfernt.

Das Land wird dann leicht aufgeritzt, für 2-3 Wochen unbedeckt liegengelassen, damit die Frühlingssonne den Boden erwärmen kann.

Ende April wird fester und verunkrauteter Boden flach mit einer Doppelhacke (Dreizackhacke) gelockert und gesäubert. (Vorsicht, die Saugwurzeln befinden sich dicht unter der Oberfläche!)

Humoser Boden kann ohne Lockerung gleich bedeckt werden.

Nun wird reichlich Stroh, Laub oder Holzwolle um die Büsche gelegt.

Es können auch Rinde oder Tannennadelstreu benutzt werden, letzteres hindert die Schnecken am Kriechen.

Diese Bedeckung schützt die Früchte vor Erdbeschmutzungen und den Boden vor Austrocknung.

Sind die Reihenzwischenräume groß, stecken wir Knoblauch oder Zwiebeln oder

pflanzen Sommerlauch. Das dient der Ab-
wehr von Pilzkrankheiten.
Wer damit keine Probleme
hat, kann auch Kohlrabi,
Salat, Spinat, Buschbohnen
oder Radieschen pflan-
zen oder säen.

Schützt vor Pilzkrankheiten

*Brennesseltee
oder verdünnte –jauche*

Brennesseltee oder ver-
verdünnte –jauche, beim
Austrieb gegeben, be-
kommt den Pflanzen gut

Wichtig als Mittel gegen
Pilzkrankheiten und zur
Pflanzenstärkung ist die
mehrmalige Spritzung
mit Schachtelhalmbrühe
oder SPS (ein Fertig-
produkt), und zwar
1mal vor, 1mal während,
1mal nach der Blüte und 2mal nach der Ernte.

Diese Kieselspritzungen (Schachtelhalm
enthält viel Kieselsäure) werden im
biologisch-dynamischen Anbau
in 3malige Hornkiesel- und
2malige Schachtelhalmteespritzun-
gen aufgeteilt.

Schachtelhalm

Wir können zur Stärkung auch Algifert, ein
käufliches Algenpräparat, in die Spritzbrühe
einmischen.

War der Vorjahrsbefall mit Grauschimmel
stark, sollte 1–2mal mit Bio-S oder Artanax
vor und in die Blüte gespritzt werden.

Gewässert werden die Erdbeerpflanzen
nur bei Trockenheit und dann morgens,

denn abendliches Gießen würde die Fruchtfäule fördern.
Eine gute und ständige Bodenbedeckung hält die Feuchtigkeit im Boden.

Geerntet wird morgens, und dabei soll nur der Stiel angefaßt und durchgekniffen werden.
Auf diese Weise können wir Druckstellen an diesen empfindlichen Früchten vermeiden.

Nacherntebehandlung

Vor und

nach dem Schnitt

Alte Blätter bis auf 3 Herzblätter abschneiden.

Bei gesunden Erdbeerkulturen lassen wir das Laub dran, bei pilzbefallenen (Grauschimmel) sollte das Laub abgeschnitten werden, um den an Stengel und Laub sitzenden Pilzmyzelien keine Überwinterungsmöglichkeit zu geben.
Dieses Entlauben muß in der 2. Julihälfte geschehen, damit die Pflanzen rechtzeitig neues Laub treiben können.

Den zweimaltragenden Sorten wird das Laub gelassen.

Alle Erdbeeren werden nun entrankt.

Dieses Entfernen der Ranken sollte bis zum Spätherbst noch 2mal wiederholt werden, damit keine Ableger die Pflanzen schwächen.

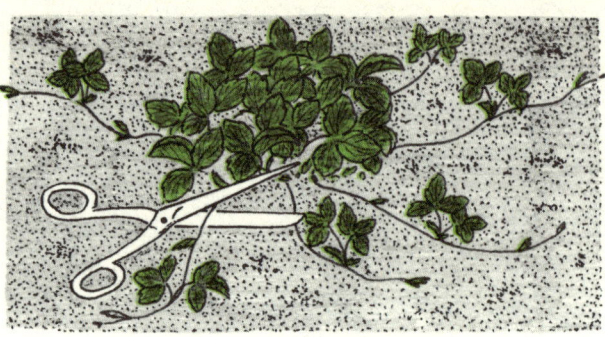

Herbst- und Wintermulch-schicht

3-5 cm

Herbst- und Wintermulch sollte 3-5 cm Dicke nicht überschreiten. Werden die Pflanzen zu dick in Stroh eingehüllt, kann es in nassen Wintern vorkommen, daß sie darin verfaulen.

Düngung nach der Ernte

1

Altes Mulchmaterial abräumen

2

Wurzelschonend ein Teil Erde entfernen

3

Kompost in die Mulde streuen

4 Brennesseljauche mit Wasser 1:5

Mit Brennesseljauche gießen

5

Wieder mit Mulchmaterial bedecken

Alle Erdbeerpflanzen bekommen nun eine Kompostdüngung, außerdem Güsse mit verdünnter Brennessel- oder Comfrey-jauche.

Monatserdbeeren

Die kleinfrüchtigen immertragenden Sorten (d.h. vom Juni bis zum Frostbeginn)

stammen von den Wald-erdbeeren ab, und ihr Aroma ähnelt dem dieser Waldes-frucht.

Sie bilden keine Ausläufer und eignen sich gut als Beeteinfassung, weil sie hier vom Weg aus jederzeit und auch von Kindern ge-pflückt werden können.

Die Sorte Rügen ist am bekanntesten.

Die Vermehrung findet durch Aus-saat statt. Der Samen wird vom April bis Mai in Saatschalen aus-gesät, gut feucht gehal-ten und pikiert.

Sind die Pflanzlinge stark genug, werden sie an die vorgesehenen Stel-len gepflanzt und tragen noch im gleichen Jahr.

Die Erträge sind gewichtsmäßig niedrig, doch ihr Gesundheitswert ist hoch.

Ihre Blätter eignen sich geschmacklich und auch gesundheitlich für Teemischungen.

Monatserdbeeren können viele Jahre an der gleichen Stelle stehen bleiben.

Krankheiten und Schädlinge

Grauschimmel (Botrytis cinerea)
Die größten Ertragseinbußen
verursacht diese häufig auf-
tretende Schimmelfäule.
Feuchtwarme Witterung mit
hoher Luftfeuchtigkeit begünstigt
das Auftreten dieses Schaderregers. Die
Infektion erfolgt über Blütenblätter, Kelch-
blätter oder absterbende Staubgefäße.
Feuchtigkeit während der Fruchtentwicklung fördert das Wachsen der Pilzsporen
und führt zum Schimmeln auch erst grü-
ner Erdbeeren.

Abwehrmaßnahmen können hierbei auf folgende Weise vorbeugend geschehen.

Maßnahmen:
- Wenig Stickstoffdünger geben, und dies nicht im Frühjahr.
- Setzlinge vor dem Pflanzen 20 Min. in SPS oder Bio-S (in der angegebenen Verdünnung) legen.
- Richtige Sortenwahl (es gibt stark botrytisanfällige Sorten).
- Ausreichenden Pflanzenabstand einhalten.
- Algenkalk oder Gesteinsmehl öfter im Frühjahr über die Pflanzen stäuben.
- Befallene Pflanzenteile entfernen.
- Pflanzen von Knoblauch recht dicht bei den Erdbeerpflanzen.
- Spritzen von Bio-S, Artanax oder NAB-Mischung vor und während der Blüte.
- Spritzen mit Knoblauch-zwiebeltee.

Echter Mehltau (Rodosphaera lencotricha)
Er kommt vor allem auf leichten
Böden und an Standorten mit
wenig Luftbewegung vor.

Der Schaden ist oft nicht groß, weil der Befall erst am Ende der Erntezeit auftritt.
Durch die Behandlung des Grauschimmels wird dem Mehltaubefall meist ebenfalls vorgebeugt.

Erdbeerblütenstecher (Anthonomus rubi)
Erdbeerstengelstecher (Rhynchites germanicas)

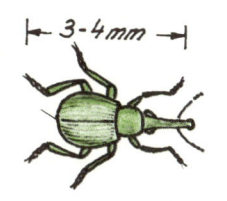

3 - 4 mm

Erdbeerstengelstecher

Ein Rüsselkäfer, der neben den Erdbeeren auch bei Him- und Brombeeren jeweils ein Ei in die Blüte legt und anschließend den Stiel durchnagt.
In der vertrocknenden Blütenknospe entwickelt sich die Larve.
Der Erdbeerstengelstecher verhält sich ähnlich, nur nagt er gleich ganze Blütenstände an.

Stengel durchgenagt

Maßnahmen:

- Nach der Ernte Pflanzen und Boden mit Rainfarntee spritzen.
- Boden mit Farnkraut bedecken.
- Ständig die umgenagten Blütenstände absammeln und verbrennen, bevor die Larve schlüpft.

Erdbeermilbe (Tarconemus pallidus)

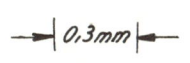

0,3 mm

Erdbeermilbe

Die nur 0,3 mm großen Milben saugen vor allem an den Herzblättern der Pflanzen.
Diese kräuseln sich dann sehr stark, und die Pflanze bekommt keine Früchte mehr.

Geringes Wachstum, Verkrüppelung und Bräunung des Laubs führen zu schlechtem Wuchs.

Maßnahmen:
- Gesunde Pflanzen kaufen.
- Bei frühem Erkennen Rainfarnbrühe oder Bio-S ins Herz der Pflanze und an die Blattunterseiten spritzen.
- Bei sehr starkem Befall Pflanzen roden und verbrennen.
- Neue Erdbeerpflanzen 3 Jahre lang nicht an die gleiche Stelle pflanzen.

Großen Fraßschaden an Erdbeerfrüchten richten häufig die Nacktschnecken an. Dagegen helfen das Absammeln der Tierchen bei einbrechender Dunkelheit, Schneckenzäune oder Bierfallen.

Fichtennadeln oder Gerstenstreu, um die Pflanzen herumgestreut, hindern die Schnecken am Herankriechen.

Als verbesserter Ersatz hat sich in der Schweiz schon seit Jahren gegen Schneckenzuwanderung Cartalit (ein Streu aus mittelfein gehäckseltem Schilf und aromatischen Pflanzen) bewährt.

Dieses Material ist nun auch in Deutschland im Handel erhältlich.

Die Himbeeren (Rubus idaeus L.)

Die europäischen Waldhimbeeren waren die Vorfahren unserer Kultursorten. Sie wurden als Arzneipflanzen schon vor 3000 Jahren im Mittelmeerraum verwendet.

Weil Himbeerobst der großen Pflück- und Pflegearbeit wegen in Beerenobstbetrieben wenig angebaut wird, es deswegen selten und teuer ist, stellt dieses feine Obst für den Hausgärtner einen besonderen Reiz dar.

Ertrag vom 2. Standjahr an belohnt uns für die aufgebrachte Schnitt- und Pflückmühe.

Durch Züchtungen wurden stachelfreie, großfrüchtige, ertragreiche und neuerdings virusfreie, krankheitsresistente, auch mehrfachtragende Pflanzen gewonnen.
Viele europäische und nordamerikanische Züchter gelangten zu ausgezeichneten Erfolgen.

Botanisch zählen die Gartenhimbeeren zu der großen Familie der Rubusarten.

Die Himbeeren gehören, genau wie die Brombeeren, zu den Halbsträuchern.
Im Gegensatz zum verholzenden Astgerüst der Sträucher sterben die unverholzten Ruten nach der Ernte ab.

Neue Ruten wachsen vom Frühjahr bis zum September, sie blühen und fruchten im nächsten Jahr, um dann wieder abzusterben.

Neue Ruten

Bei den zweimaltragenden Sorten unterscheidet sich dieser Vorgang stark.
Sie tragen im Herbst an Ruten, die im Frühjahr und Sommer gewachsen sind. Diese abgetragenen Ruten sollen nach der Späternte nicht herausgeschnitten werden, denn sie tragen ein 2. Mal im Frühsommer des folgenden Jahres.
Es werden im Frühjahr nur erfrorene Spitzen eingekürzt.

Kein Austrieb (erfroren)

Schnitt

Ab April gut erkennbar

Austrieb

Spitzenschnitt im Frühjahr

Himbeerblüten sind zwittrig und selbstfruchtbar.
Sie sind wertvolle Bienenfutterpflanzen.

rundlich

Die Früchte der wichtigsten Sorten sind hell- bis dunkelrot.
Sie weisen verschiedene Formen auf.

kegelförmig

Aus den zahlreichen Fruchtknoten einer Blüte bilden sich um die Fruchtachse herum ebenso viele Steinfrüchte, die zur

langkegelförmig

Himbeere, einer Sammelsteinfrucht, zusammenwachsen.

Die Blütezeit beginnt je nach Witterung und Sorte meist Ende Mai bis Juni, die Erntezeit Ende Juni bis Mitte Juli.
Es sollte 3mal wöchentlich gepflückt werden.
Die günstigste Pflückzeit ist der frühe Morgen, weil die Früchte bei Wärme leicht verderben.

Wertvolle Inhaltsstoffe

Schon bei den alten Griechen waren die Waldhimbeeren als Heilmittel berühmt. Die ganzen Früchte oder ihr Saft wirken, genau wie die Tees aus ihren Blättern, bei Fieber, Bronchitis, Harnsystementzündung, Rheuma, Verdauungsstörungen und dienen der Erhöhung der Abwehrkräfte.
Sie unterstützen die Besserung von Gallenleiden und helfen Zuckerkranken.
Wunden in Tee gebadet heilen gut, und Umschläge mit diesen Tees helfen bei Hautausschlag und Flechten.

Einen Tischtee können wir aus Him-, Brom- und Walderdbeerblättern zusammensetzen.
Er schmeckt sowohl aus frischen wie aus getrockneten Blättern ausgezeichnet.

Standortansprüche

Himbeeren gedeihen gut in lehmhaltigen, nährstoffreichen, lockeren, jedoch nicht staunassen Böden.
Humoses Erdreich und ständige Bodenbedeckung sorgen für erforderliche Feuchtigkeit.

Die Himbeeren

Diese zuletzt genannten Bedingungen er- möglichen sogar eine Pflanzung und gutes Gedeihen auf leichten Böden.

Bei Trockenheit muß gewässert werden.

Wenn wir mit verrin- gerten Erträgen zufrieden sind, gedeihen Himbeeren auch an halbschattigen Stellen, sogar unter Bäumen. (Vorsicht unter Obstbäumen, sie ent- ziehen der Erde Nährstoffe.)

Himbeeren lieben leicht sauren Boden. Der pH-Wert sollte bei 5,5 – 6,2 liegen.
Bei höheren Werten entstehen- der Eisenmangel führt leicht zu Chlorosen.

Bei frühblühenden Sorten kann die Blüte durch Nachtfröste geschädigt werden.
Wer in gefährdeten Gegenden wohnt, sollte späte Sorten wählen.

Planung und Pflanzvorbereitung

Die Reihen sollen der besten Sonnen- einstrahlung wegen in Nord-Süd-Richtung angebaut werden.
Als (ehemalige) Waldrand- pflanzen vertragen sie Wind nicht gut.

In geschützten Lagen können sie als Hecke angebaut werden.
Höhere Erträge erreicht man durch eine mehrreihige Pflanzung.

Mehrere Reihen ermöglichen in den ersten 2 Jahren einen Zwischenfruchtanbau. Geeignet sind hierfür besonders die Buschbohne oder die niedrige Erbse.
Zweifelsfrei stehen Himbeeren am besten an einem Gerüst. Auch hier gibt es verschiedene Möglichkeiten.

Normalgerüst

180 cm — *180 cm*

V-Gerüst

250 cm

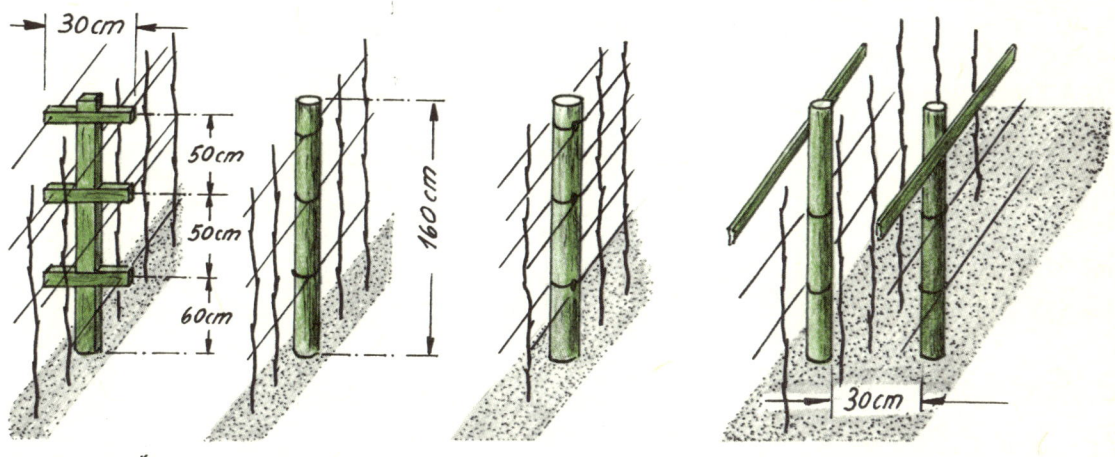

30 cm

50 cm

50 cm

60 cm

160 cm

30 cm

Leitergerüst   Normalgerüst   Doppeldraht-Gerüst   Doppelpfosten-Gerüst

Pfostendurchmesser 6–10 cm und 2 m lang

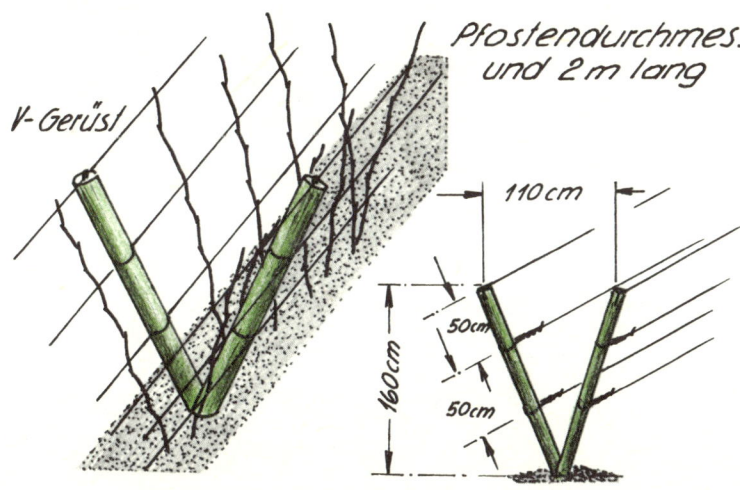

V-Gerüst

110 cm

50 cm

160 cm

50 cm

Niedrige Sorten stehen günstig zwischen einem Gerüst mit Doppeldrähten.

Langrutige Himbeeren bindet man meist an oder befestigt sie mit Klammern.

Weniger bekannt ist das V-Gerüst für hohe Sorten. Es bietet folgende Vorteile:

• Die Jungruten wachsen aufrecht im Mittelteil heran und können sich hier ungestört entwickeln.

• Die Tragruten werden nach beiden Seiten gebunden; so können eine größere Anzahl pro laufendem Meter stehen bleiben. Dadurch erhöht sich der Ertrag beträchtlich.

• Das Anbinden ist einfach.

• Übersicht über abgetragene Ruten erleichtert das Ausschneiden.

• Beschatteter Boden durch dichten Bestand führt mit gleichzeitiger Bodenbedeckung zur Dauerfeuchtigkeit im Boden.

Bodenvorbereitung fürs Pflanzen

Himbeeren bleiben ca. 12 Jahre auf dem gleichen Standort. Darum dürfen die Pflanzen nicht in verdichteten, humusarmen Boden gesetzt werden.

Auf festen oder Neubau-Böden verbessert eine 1-2jährige tiefwurzelnde Gründüngung (z.B. Lupine, Steinklee, Luzerne oder Ackerbohne) den Bodenzustand beträchtlich.

Lupine   Steinklee   Luzerne   Ackerbohne

Diese Leguminosen versorgen den Boden gleichzeitig mit Stickstoffdünger, wenn sie in der Vollblüte abgeschnitten werden.

Normale Böden werden so vorbereitet, wie es im 1. Kapitel unter Düngung (Seite 15) angegeben ist.

Für Himbeeren soll der Boden gut gelockert und Reifkompost in die obersten 8 Boden-zentimeter eingear-beitet werden.

Der pH-Wert des Bodens sollte möglichst unter 6 liegen, das heißt den Boden nicht kalken und kalkfreie Gesteinsmehle benutzen, wenn wir an den kritischen Wert gelangen.

Pflanzung
Gepflanzt werden kann sowohl im Herbst (September bis November) als auch im Frühjahr (je nach frost-freier Witte-rung).

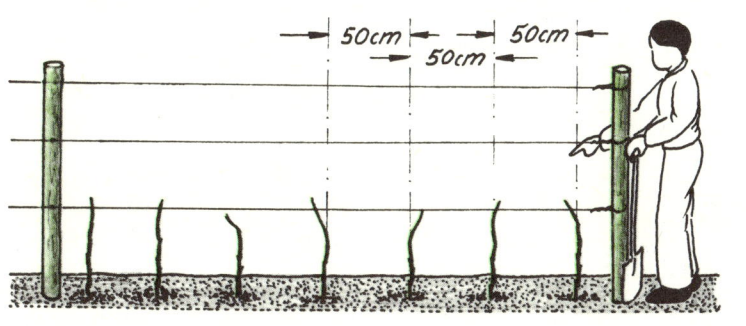

50cm 50cm
50cm

Wir wählen einen Abstand von 50 cm in der Reihe.

Bei Baumschulpflanzen verlangen wir virus-freie Ruten, denn Viruskrankheiten lassen die Pflanzen verkümmern.
Besonders gut wachsen Pflanzlinge mit Ballen an. Himbeerwurzeln trocknen schnell aus, darum Setzlinge sofort pflanzen oder in Erde einschlagen.

In den folgenden Tabellen sind erprobte und anerkannte Himbeersorten aufgeführt.

Einmaltragende Himbeersorten

Name	Blütezeit	Reifezeit	Frucht u. Geschmack	Wuchs-beschreibung	Lager-zeit	Beurteilung	*
Glen Clova	früh	früher Juli	saftig, wohlschmeckend	stark, viele Jungruten	1 Tag	Massenträger, etwas mehltauanfällig	*
Himbostar	mittelfrüh	mittelfrüh	Waldhimbeeraroma, leicht säuerlich	mittel, spätfrostgefährdet	2-3 Tage	sehr gut, hohe Erträge	*
Malling Delight	mittelfrüh	Juli-August	gutes Aroma	aufrechte Ruten, viele Ableger	3-5 Tage	Sehr hohe Erträge	*
Malling Gigant	mittelfrüh	Juli-August	gutes Aroma, saftig, süß	starke Ruten, viele Jungruten	2-3 Tage	geringe Krankheitsanfälligkeit	*
Malling Jewel	mittelfrüh	Juli-August	gutes Aroma, saftig	aufrechter Wuchs	2-3 Tage	hohe Erträge	*
Malling Leo	mittelspät	Juli-August	sehr gutes Aroma	wenig Jungruten	2-3 Tage	hohe Erträge, halbspäte Sorte	*
Mullraspa	früh	Juni-Juli	fest, fleischig	frostgefährdet, nicht über 500m NN anbauen	2-3 Tage	Massenträger; Hausgarten u. Feldanbau	*
Pechts Gigant	früh	Anfang Juni	saftig, aromatisch	frostharte Frühsorte, starke Ruten	2-3 Tage	Neuzüchtung, wenig Beurteilungen	*
Preußen I	früh	Juli-August	süß, sehr aromatisch	mittelstark, braucht fruchtbaren Boden	2-3 Tage	widerstandsfähig gegen die Rutenkrankheit	*
Schönemann	spät	ab Mitte Juli	gutes, säuerliches Aroma	starker Wuchs, robust, liebt Sonne	2-3 Tage	ertragssicher, hohe Erträge, wenig grauschimmelanfällig, etwas mehltauanfällig	*
Zeva I	mittelfrüh	ab Ende Juli	fest, kräftiges Aroma	winterhart, viele Jungruten	2-3 Tage	hohe Erträge, für rauhe Lagen, sonst entbehrlich	*
Zeva II	mittelfrüh	ab Mitte Juli	fest, säuerlich, aromatisch	für trockene Lagen, frostempfindlich	2-3 Tage	Standardfrühsorte, hoher Ertrag	*

* Tiefkühlgeeignet

Zwei- u. mehrmaltragende Himbeersorten

Name	Blütezeit	Reifezeit	Frucht u. Geschmack	Wuchs-beschreibung	Lager-zeit	Beurteilung
Hauensteins Gelbe	Dauer-blüher	Juli-August und Herbst	süß, sehr gutes Aroma	Stark. viele Jungruten	Sofort-verbr.	hohe Erträge, wertvolle Liebhabersorte
Korbfüller	spät	Ende August und Herbst	sehr aromatisch	im hohe Ruten, viele Jungruten	2-3 Tage	mittlere Erträge, lohnt sich nur in warmen Gegenden *
Loyd George	mittelspät	Mitte Juni– Ende Oktober	festfleischig, saftig, gutes Aroma	anspruchslos, starke Rutenbildung	Sofort-verbr.	gute Sorte, widerstandsfähig gegen die Rutenkrankheit
Pechts Herbsttreude	früh	Juli und September	süß, saftig, gutes Aroma	starke Tragruten, Jungrutenbildung mittelmäßig	2-3 Tage	hohe Erträge, früheste zweimaltragende Sorte *
Romy	Hauptblüte Ende August	gering Juli, September bis zum Frost	säuerlich, aromatisch	frostempfindlich, 80cm hohe Ruten, laufend Jungruten	2-3 Tage	sofort starker Fruchtansatz, befriedigt nicht überall *
Zeva III	spät	Juli und September	aromatisch	braucht einen guten Boden und eine warme Lage	2-3 Tage	ertragsreiche Liebhabersorte *

* Tiefkühlgeeignet

Wachstums- und Ernteverlauf bei zweimaltragenden Himbeeren

1. Jahr — Sommer — Herbst

1 = Vorjahrestrieb, trägt im Sommer, stirbt nach der Ernte ab und wird herausgeschnitten.
2 = Frühjahrstrieb, trägt im Herbst und im folgenden Sommer.

2. Jahr — Sommer — Herbst — u.s.w.

2 = Vorjahrestrieb, trägt im Sommer, stirbt nach der Ernte ab und wird herausgeschnitten.
3 = Frühjahrstrieb, trägt im Herbst und im folgenden Sommer.

Pflanzvorgang bei Himbeeren

1. Beschädigte Wurzeln abschneiden.

2. Wurzeln 20 Min. in Preicobakt- oder Lehmbrei tauchen.

3. Steinmehl und Reifkompost in die Pflanzfläche einarbeiten.

4. Pflanzlöcher ausheben.

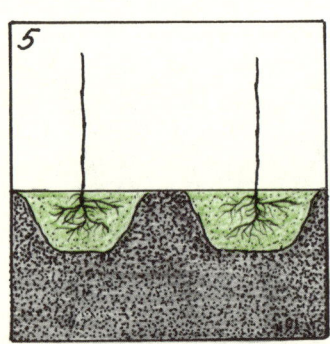

5. Setzlinge so einsetzen, daß keine Wurzeln geknickt werden.

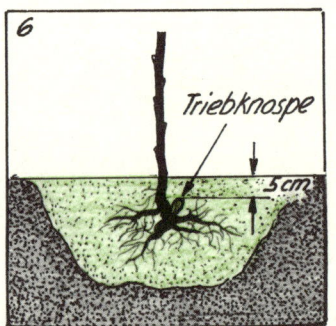

6. Austriebsknospe nicht verletzen und 5 cm mit Erde bedecken.

7. Ballenpflanzen und eigene Ableger bodeneben einsetzen.

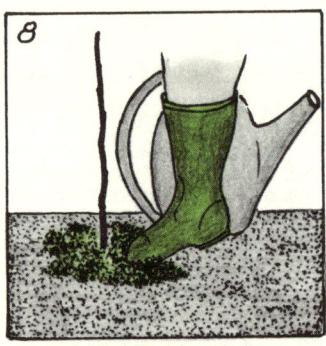

8. Leicht antreten, nur trockener Boden wird gegossen.

9. Nach ca. 3 Tagen die Pflanzstelle mulchen.

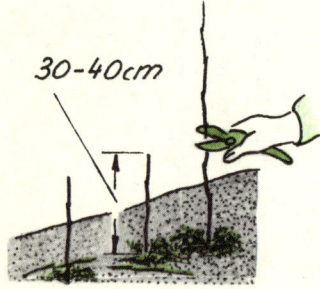

Sowohl die Herbst- wie auch die Frühjahrspflanzlinge werden Ende März auf 30-40 cm eingekürzt.
Dieser Rückschnitt regt eine kräftige Triebbildung aus den Basisknospen an. In dem Jahr des Rückschnitts sollte man zugunsten des Rutenwachstums auf Früchte verzichten.

Verwenden wir Ableger aus eigenen, gesunden und gut bewährten Beständen, sollte auf reichliches Wurzel-werk und unbeschädigte, gut entwickelte Austriebs-knospen geachtet werden. Am besten setzt man gleich den ganzen Erdballen mit Wurzeln ein.

Austriebsknospen am Wurzelhals

Kräftiges Wurzelwerk

Standortarbeiten

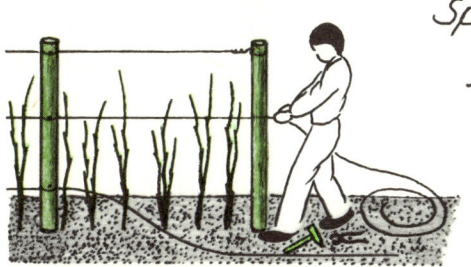

Spätestens im zweiten Stand-jahr sollte das Stützgerüst gebaut werden, damit die Ruten aufrecht stehen können.

Wenn wir uns anschauen, wie Himbeerwurzeln wachsen, verbietet sich eine Bodenbearbeitung, die tiefer als 5 cm geht, von selbst. Beim Lockern die Austriebsknospen schonen. Da die Himbeere nach Sauerstoff im Wurzelbe-reich verlangt, sollte der Boden immer locker sein.

Mulchen und Düngen

Die krümeligste und poröseste Bodenstruktur befindet sich unter der Bodenbedeckung, also Dauermulch (Material dafür siehe Seite 21.)

Nach der Sommerernte können wir als Dün-gung Grobkompost, angerotteten Stallmist oder düngerhaltigen Rindenkompost streu-en.
Um nicht zu überdüngen, soll dieses Material

nicht dicker als 2cm ausgelegt werden.
Ergänzt muß diese Mulchung jedesmal dann
werden, wenn die vorherige Schicht verrottet
ist.
Über Winter schützt die Abdeckung vor Bar-
frösten.
Derart versorgte Anlagen
sind ausreichend gedüngt
und zusätzlich mit dem
für Himbeeren so wichtigen
Humus versorgt.

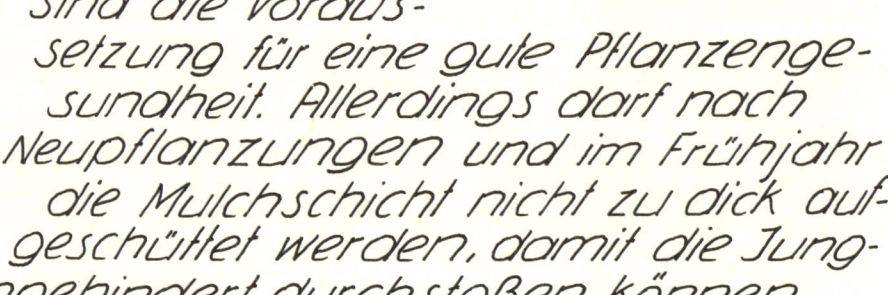

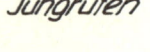
Mulchschicht

Jungruten

Diese Maßnahmen
sind die Voraus-
setzung für eine gute Pflanzengesundheit. Allerdings darf nach
Neupflanzungen und im Frühjahr
die Mulchschicht nicht zu dick auf-
geschüttet werden, damit die Jungruten ungehindert durchstoßen können.

Stehen die angegebenen
Komposte nicht zur Ver-
fügung, sollte unbedingt
nur organischer Dünger
wie Hornspäne oder Rizinusschrot verwendet werden, denn Himbeeren reagieren mit
Rutenschäden auf eine Versalzung der Böden. Gedüngt wird gleich nach der Ernte.

Schnittmaßnahmen
Himbeerruten und -wurzeln beginnen bei
Temperaturen um 5°C zu wachsen.
Weil starkes Pflanzenwachstum die
Fruchtentwicklung beeinträchtigt,
sollten erste überflüssige Jungruten
schon Ende Mai entfernt werden.

Man läßt pro laufenden Meter

10 – 12 gesunde, starke Jungruten (d.h. 5 - 6 pro Pflanze) stehen,

beim V-Gerüst dürfen es auch 15 - 20 sein. Bei feuchtem Wetter geschieht das Herausziehen überzähliger, schwacher und krummer Ruten von Hand, bei trockenem Wetter werden sie herausgeschnitten.

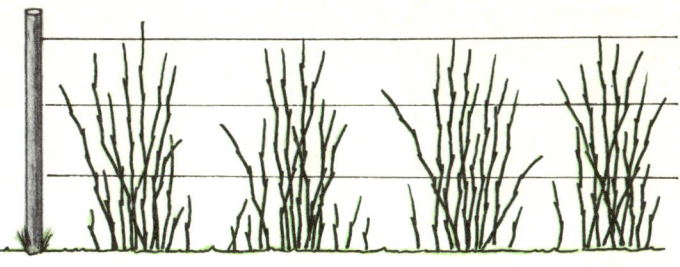

vor dem Sommerschnitt

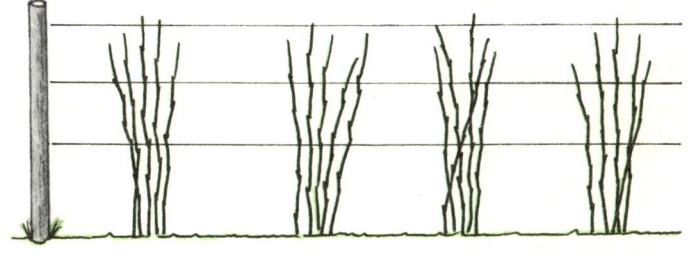

nach dem Sommerschnitt

Nach der Ernte werden sowohl die einmaltragenden wie auch die zweimaltragenden abgeernteten Ruten bodeneben herausgeschnitten.

bodeneben

zu lang

Es dürfen keine Stummel stehen bleiben, weil sich darin gern Schädlinge ansammeln. Sollte es doch einmal passieren, müssen diese Stummel mit Erde bedeckt werden. Bei diesem Arbeitsgang überprüft man noch einmal die Anzahl der Jungruten.

Schnittmaterial sollte wegen etwaiger Sporen der Rutenkrankheit sogleich verbrannt werden.

Auch die Ableger, die in den Himbergassen emporwachsen, sollten entfernt werden, soweit sie nicht für Neuanlagen benötigt werden.

Frucht und Ernte

Je dicker die Ruten sind, um so mehr und größere Früchte entwickeln sie.
Bei vielen dünnen Ruten ist der Einzelrutenertrag gering, der Flächenertrag jedoch höher als bei wenigen starken Ruten.

Die größten Früchte wachsen im Mittelteil kräftiger Ruten, nicht an den Spitzen.

Die Erntezeit bei den Sommerträgern dauert 3 – 4 Wochen, bei den zweimal-tragenden Sorten mehrere Monate.

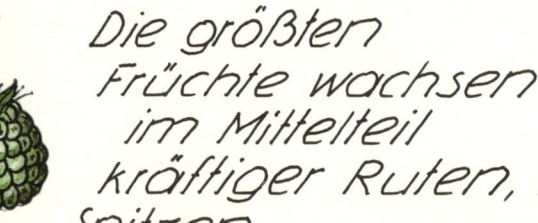

Die Sommerernte muß dreimal wöchentlich durchgeführt werden. Bei der Herbsternte genügt es, zweimal pro Woche durchzupflücken.

Vollreif und am aromatischsten ist die Frucht, wenn sie sich leicht vom Fruchtboden löst.
Bei Regenwetter sollte im Hausgarten nur in Ausnahmefällen geerntet werden. Diese Früchte eignen sich dann nicht zum Einfrieren, sie sollten anders verwertet werden.

Maßnahmen zur Gesunderhaltung der Pflanzen

Die wichtigsten Maßnahmen liegen in der Humuspflege (d.h. die ständige Bodenbedeckung), in der mäßigen Düngung, den richtigen Schnittmaßnahmen und im Kontrollieren der Bodenfeuchtigkeit.

Die Erde unter den Himbeerpflanzen sollte nie austrocknen.
Bei anhaltend trockenem Wetter muß nach Bedarf gegossen werden.
Zwei- bis dreimalige Güsse mit Brennesseljauche jährlich dienen der Pflanzengesundheit ebenso wie die winterliche Spritzung mit Preicobakt.

Krankheiten und Schädlinge

Himbeerkäfer   (Byturus tomentosus)
Die Larven des Käfers sind die (unappetitlichen) Himbeermaden.
Sie sollten beim Pflücken der Früchte sofort getötet (zertreten) werden.
Lassen wir sie nur zu Boden fallen, verpuppen sie sich hier.
Die Käfer fliegen im Mai bis Juni. Sie setzen und paaren sich an Knospen und Blüten und fressen dort die Staubgefäße und Stempel aus, so daß sich keine Frucht mehr entwickeln kann.

Käfer

4 – 5 mm

Angefressene Knospen

Frucht mit Larve

Ihre Eier legen sie in unversehrten Knospen ab.

In aufbrechenden Blüten lassen sich die Käfer gut auffinden und absammeln. Das ist die sicherste Methode zur Verhinderung einer Ausbreitung.

Maßnahmen:

- Vom Mai bis Juni Ablesen der Käfer oder Abschütteln in ein Gefäß mit warmem Wasser (über 50°C).
- Vorbeugendes Spritzen der Ruten, des Gerüstes und des Bodens mit starkem Rainfarntee.
- Bei starkem Befall Pyrethrummittel in die Blüte spritzen.

Himbeerruten-Gallmücke (Thomasiniana theobaldi)

Himbeer-Gallmücke (Lasioptera rubi)

Diese Schädlinge legen ihre Eier bevorzugt an beschädigten Ruten ab.

An den Gallen wie auch am Fleckigwerden der Ruten kann man den Befall erkennen.

Himbeerruten-Gallmücke

Im Laufe eines Sommers schlüpfen aus Eiern drei Madengenerationen. Sie zerstören das Korkgewebe der Ruten. Dadurch wird die Pflanze anfällig für die Rutenkrankheit.

Himbeer-Gallmücke

Maßnahmen:

- Gießen von starkem Rainfarntee.
- Befallene Ruten ausschneiden und verbrennen.
- Bei starkem Befall Spritzen mit Pyrethrummittel.

Himbeerrutenkrankheit (Didymella applanata)

Diese Pilze befallen vor allem verletzte Ruten.
Sowohl Feuchtigkeitsschwankungen als auch unvorsichtige Bearbeitung oder Schneckenfraß können die Ruten aufreißen lassen.

Auch junge Ruten werden schon befallen.
Die Pilze setzen sich oft rund um die Knospen.
Es entstehen violette bis braune Flecken, die mit der Zeit zusammenfließen.
Später kann es dann passieren, daß die Ruten aufreißen. Solche Ruten werden unfruchtbar und sterben ab.

Maßnahmen:

- Auf luftigen Stand, sauren und bedeckten Boden und mäßige Stickstoffdüngung achten.
- Ruten nicht beschädigen.
- Vorbeugend Preicobakt spritzen.
- Befallene Ruten herausschneiden und verbrennen.
- Bei starkem Befall Pflanzenstandort wechseln.

Viruskrankheiten

Viren führen im Himbeeranbau zu Wuchs- und Ertragsminderungen, bei starkem Befall zum völligen Ertragsausfall.
Am verbreitetsten ist das Himbeer-Mosaikvirus. Es läßt die Blätter gelbscheckig werden und sich einrollen.

Himbeer-Mosaikvirus

Neben zahlreichen, aber wenig verbreiteten Arten möchten wir noch eine Verzwergungskrankheit erwähnen, die zu zahlreichen dünnen Austrieben führt.

Damit nicht schon bei der Pflanzung Viren eingeschleppt werden, sollte virusfreies Pflanzgut verlangt werden.

Viele dünne Ruten, hervorgerufen durch das Rubus-Stauchevirus. Diese Ruten entwickeln keine Früchte mehr.

Es können jedoch auch unsere bisher gesunden Bestände infiziert werden. Die Überträger sind sowohl die kleine Himbeerblattlaus wie auch die große Brombeerblattlaus.

Damit Blattläuse sich nicht ansiedeln, ist auf gleichmäßig feuchten und bedeckten Boden zu achten.

Maßnahmen:
- Beim Pflanzgut auf die richtigen Sorten und virusfreie Pflanzen achten.
- Boden ständig bedeckt, feucht und locker halten.
- Unterkultur von nichtrankender Kapuzinerkresse, Ringelblumen oder Vergißmeinnicht anbauen.
- Bei Befall sofort die Himbeerpflanzen roden und verbrennen.

Die Brombeeren (Rubus spec)

Berichtet wird schon seit 3000 Jahren über die Brombeere als Wild- und Heilpflanze.

Als Kulturpflanze kam sie erst spät in unsere Gärten, etwa 1850.

Die meisten Züchtungen kommen aus Amerika. Viele von ihnen sind für unsere europäischen Anbaugebiete mit ihrer kalten Winterzeit nicht geeignet, weil sie weder genügend frosthart sind noch rechtzeitig reifen.

Viele Gartenbesitzer scheuen die Mühe mit den stacheligen Büschen.
Deswegen gibt es nun auch stachellose Züchtungen.

In den Gartenkatalogen werden diese Sorten als dornenlos bezeichnet, obwohl es, botanisch gesehen, Stacheln sind, die so unangenehm stechen.

Wir unterscheiden zwischen
– bedornten rankenden
  Sorten   (Rubus fruticosus),
– bedornten, aufrecht wachsenden Sorten   (Rubus discolor)
– und den rankenden dornen-
  losen Sorten   (Rubus laciniatus).

Die aufrechtwachsenden Sorten benötigen eine ähnliche Anbau- und Gerüstart wie die Himbeeren.

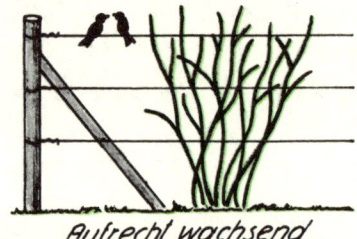
Aufrecht wachsend

Ertragreicher und aromatischer im Geschmack sind jedoch die rankenden Sorten.
Sie müssen an einem hohen Gerüst angebunden und regelmäßig geschnitten werden.
Dornige Sorten können als undurchdringliche Hecke gepflanzt werden.

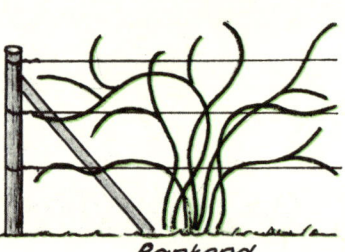
Rankend

Den dornigen und hier besonders der Sorte „Theodor Reimers" werden das beste Aroma und die höchsten Erträge nachgesagt.
Dornenfreie lassen sich nur eben, sowohl beim Schnitt wie auch bei der Ernte und dem Aufbinden der Ranken, leichter handhaben.

Bei allen Sorten wachsen im ersten Jahr lange Ruten, die im zweiten Jahr an ihren Seitentrieben blühen und fruchten.
Nach der Ernte sterben diese Triebe ab.

2. Jahr
1. Jahr

Brombeerblüten sind wertvolle Futterpflanzen für Bienen und Hummeln.
Die Frucht ist eine Sammelsteinfrucht und löst sich auch im vollreifen Zustand nicht vom Zapfen.

Die Blütezeit ist recht spät. Sie beginnt je nach Sorte erst Ende Mai bis Juni und ist somit nicht mehr spätfrostgefährdet.

Die Erntezeiten sind bei den einzelnen Sorten recht verschieden.
Die frühesten Sorten reifen bereits Ende Juli, die meisten Brombeeren beginnen damit jedoch erst im August.
Die Ernte zieht sich bis Ende Oktober bzw. bis zum Frostbeginn hin.

Die Beeren werden zweimal wöchentlich durchgepflückt. Die vollreifen Früchte sollen morgens nach dem Abtrocknen geerntet werden.

Leicht überreife Beeren schmecken besonders gut, sind jedoch nicht haltbar und darum auch nicht zum Einfrieren geeignet.

Gesundheitswert

Der Gehalt an Vitamin-A, Eisen, Kalk und Kalium ist bei der Brombeere hoch.
Um diese wertvollen Inhaltsstoffe voll zu nutzen, sollten die Früchte möglichst roh gegessen oder als Preßsaft getrunken werden.
Sie wirken günstig auf Magen, Darm und Blase und als natürliches Schlafmittel.
Leicht erhitzter Brombeersaft hilft bei Halsschmerzen, Grippe und Heiserkeit.

Die Brombeeren

Halbreife und grüne Brombeeren wirken getrocknet gegen Durchfall.
Tees aus Brombeerblättern werden mit Erfolg bei Zahnfleischentzündungen, Hautkrankheiten, Blutergüssen, Wundheilung und bei den genannten Erkältungskrankheiten angewandt.

Am wirkungsvollsten sind die Blätter der wilden Brombeere. Es wäre zu empfehlen, einen wilden Brombeerbusch in die Hecke oder den Naturgarten zu pflanzen.
Pflanzen in der Wildnis nicht ausgraben, sondern Ableger nehmen.

Standortansprüche

Die Ansprüche an den Boden entsprechen denen der Himbeere. Brombeeren vertragen mehr Trockenheit, brauchen also bei heißem Wetter nicht so schnell gegossen zu werden.
Der Boden sollte einen höheren pH-Wert aufweisen als bei den Himbeeren (6-6,8), denn Brombeeren benötigen Kalk. Die
Die meisten Brombeersorten erfrieren bei Temperaturen unter -18°C, manche auch schon bei -10°C.
Warme, geschützte und sonnige Plätze sind darum bei der Standortwahl empfehlenswert.

Brombeeren

Art	Name	Reifezeit	Frucht u. Geschmack	Wuchsbeschreibung A = Pflanzenabstand	Beurteilung
1	Eldorado	Anfang August	groß, süß, aromatisch	wie Himbeeren anbauen, A = 1,5 m	große Fruchtdolden, dornig, anspruchslos, frostgefördet
1	Wilsons Frühe	Ende Juli	mittelgroß, mäßiges Aroma	mittelstarkwüchsig, Schwache Dornenbildung, A = 2,5 m	viele Früchte, wenig frostempfindlich, konserviert im Geschmack unbefriedigend
2	Farnblättrige Brombeere	August bis September	groß, süß, fein	mittelstarkwüchsig, A = 2-3 m	sehr ertragreich, frosthart, gibt es in der Schweiz
2	Spessarter	August	mittel, wohlschmeckend	Starkwüchsig, Zweige bedornt, A = 4 m	mittelgroßer Ertrag, frosthart, wenig Anspruch an den Boden
2	Theodor Reimers	Anfang August	groß, weich, saftreich, feines Aroma	Stark rankend bis 10 m lange Ruten, A = 3-5 m	geschmacklich und im Ertrag die beste Sorte, frosthart bis -12°C, anfällig für Grauschimmel und Milben
3	Black Satin	Anfang August	groß, weich, saftig	Laub geschlitzt-blättrig, viele Geiztriebe, A = 3-5 m	gute Sorte, frosthart, anspruchslos
3	Französische Riesenbrombeere	Anfang August	groß, wohlschmeckend	starkwüchsig, 5-7 m lange Ruten, A = 3-4 m	Neuzüchtung, anspruchslos, frosthart
3	Thornfree	Mitte August	Sehr groß, aromatisch	mittelstarkwüchsig, A = 3-5 m	ertragreich, anspruchslos, frosthart bis -18°C
3	Thornless Evergreen	Mitte August	groß, säuerlich, wenig Brombeergeschmack	mittelstarkwüchsig, A = 4 m	leicht zu ernten, anspruchslos, frosthart bis -18°C

Art: 1 = aufrecht wachsend   2 = dornig, rankend   3 = dornenlos, rankend

Planung und Pflanzvorbereitung

Die heutzutage am meisten
verbreiteten Sorten sind
rankend. In Hausgärten
wird oft nicht mehr als
eine Reihe angebaut.
Sie sollte in Nord-Süd-
Richtung verlaufen.

Es gibt verschiedene Methoden, die Brombeer-
ranken am Gerüst zu ziehen.

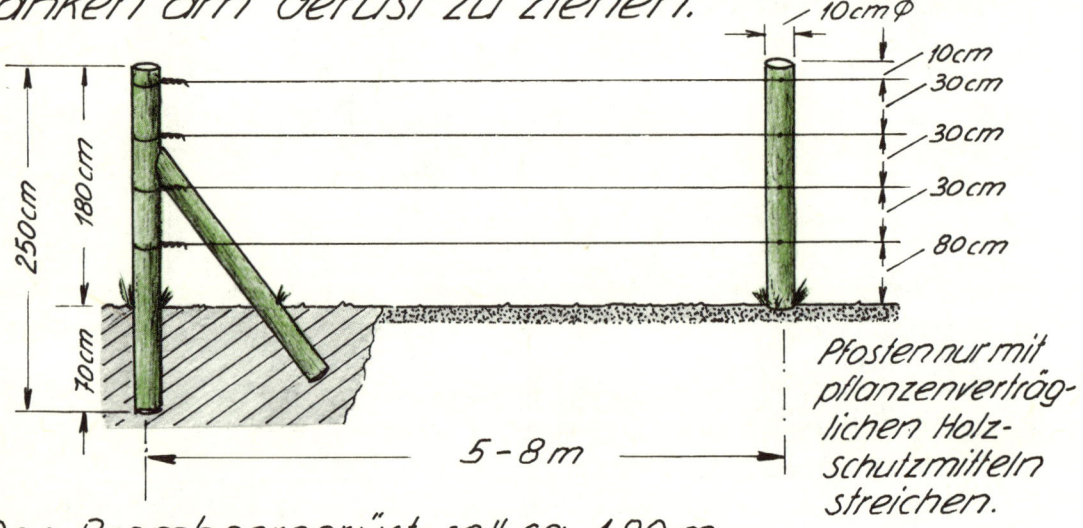

Das Brombeergerüst soll ca. 1,80 m
hoch sein. Die Stützpfähle sollten
2,70 m lang sein und einen Durchmesser von
10 cm haben. Sie werden ca. 70 cm tief in
einem Abstand von 5-8 m in den Boden
gesetzt.

Die 3 Erziehungssysteme

Die Fächererziehung eignet sich für schwach-
wachsende Sorten.
Man führt pro
Pflanze ca. 6-8
Ruten schräg
nach oben und
schneidet über-
stehende Spitzen
ab.

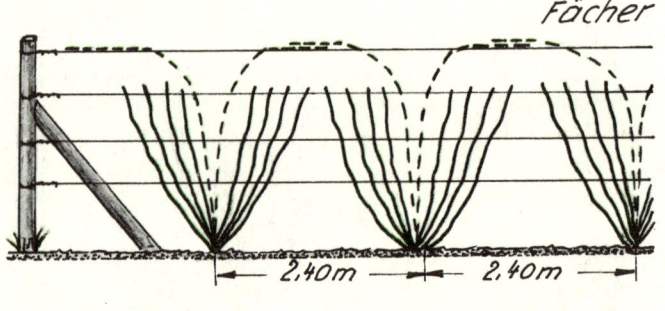

Die Palmette zeigt ein Anbinden der Ruten in waagerechter Form und in verschiedenen Spanndrahthöhen.

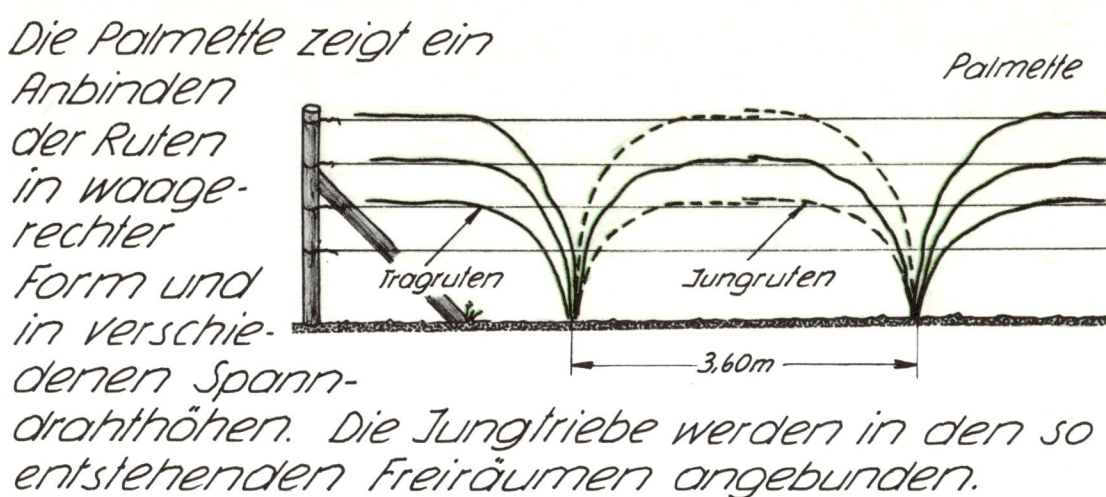

Palmette

Die Jungtriebe werden in den so entstehenden Freiräumen angebunden.

Die Schlingwanderziehung kommt für Sorten mit sehr langwüchsigen Ruten in Frage.

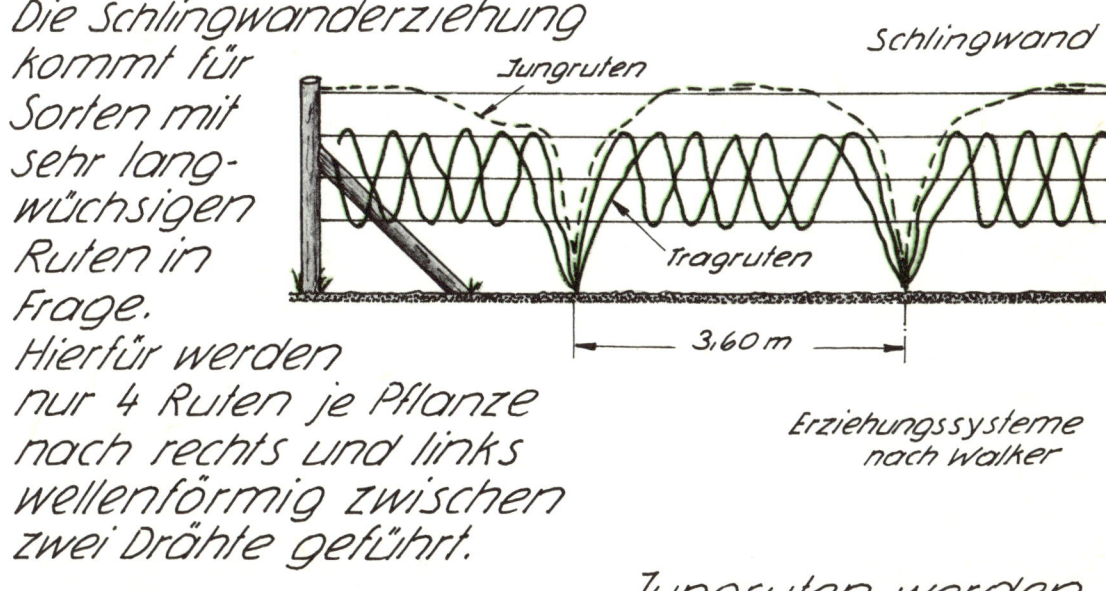

Schlingwand

Erziehungssysteme nach Walker

Hierfür werden nur 4 Ruten je Pflanze nach rechts und links wellenförmig zwischen zwei Drähte geführt.

Jungruten werden meist in den in der Mitte entstehenden Freiraum zum obersten Draht geführt und dort angebunden.

In frostgefährdeten Gebieten können Jungruten zum Winter abgebunden und auf den Boden gelegt werden (siehe Winterschutz Seite 75).

Pflanzung

Die Bodenvorbereitung vor dem Pflanzen wird genauso wie bei den Himbeeren vorgenommen.
Nur auf den hier nötigen pH-Wert von 6-6,8 ist zu achten.

Je nach stark- oder schwachwüchsigen Sorten
müssen die Pflanzenabstände für rankende
Brombeeren zwischen 2 und 5 m gewählt
werden.
Aufrecht wachsende Sorten werden dichter
gepflanzt.
Die Abstände der einzelnen Sorten sind
aus der Tabelle Seite 69 ersichtlich.

Brombeeren werden im Frühjahr
gepflanzt, denn
die fleischige Wur-
zel erfriert bei
der Herbstpflanzung und
folgendem kalten Winter
leicht.
Nach gesundem Pflanzgut ist zu fragen. Wir
bevorzugen Ballenpflanzen, weil sie leichter
anwachsen.

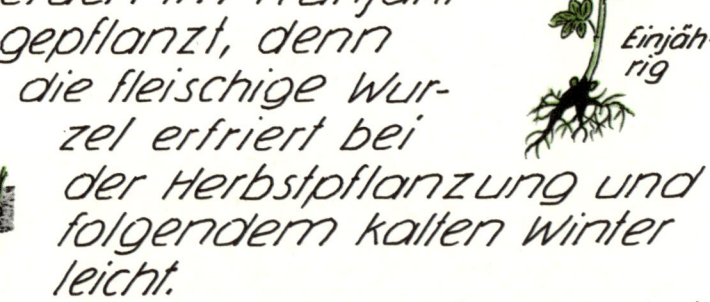

Brombeeren werden
so tief gesetzt, daß
die Triebknospen
nach dem Pflanzen
5 cm mit Erde bedeckt
sind.
Die Pflanzung verläuft so, wie es bei den
Himbeeren (auf Seite 56) beschrieben ist.
Nur im Frühjahr wird der Pflanzschnitt vorgenommen.
Um die jungen Triebe zu kräftigem Wachstum anzuregen, werden höchstens drei
Ruten stehengelassen und auf 20-30 cm
eingekürzt.
Die überzähligen Ruten werden bodeneben
abgeschnitten.
Diese Jungpflanzen tragen im ersten Jahr
noch nicht.

Mulchen und Düngen

Die laufende Bodenbedeckung und Düngung ist die gleiche wie bei den Himbeeren (siehe Seite 57), nur liegt der Düngungszeitpunk im zeitigen Frühjahr.

Mulchschicht

Schnittmaßnahmen

Die aufrecht wachsenden Sorten werden wie einmaltragende Himbeeren geschnitten. Dadurch bekommen die

- - = Jungruten sind die Fruchtträger für das nächste Jahr

Y = Diesjährige Tragruten werden nach der Ernte bodeneben abgeschnitten

Jungruten mehr Platz und können sich besser entwickeln.

Die rankenden Sorten benötigen jedoch einen Winter- und Sommerschnitt, um nicht zu verwildern.

Der sogenannte Winterschnitt findet im März statt, und es darf dabei nicht kälter als - 7°C sein. Diese Schnittzeit hat sich besser bewährt als die im Spätherbst.

Winterschnitt

Freiraum für die nächsten Jungruten

Vor dem Schnitt

nach dem Schnitt

- - = Jungruten vom Vorjahr sind die Tragruten für dieses Jahr und werden nach dem Herausschneiden der alten Tragruten neu angebunden.

Y = Tragruten vom Vorjahr werden bodeneben entfernt.

Die Brombeeren

An den neu angebundenen, diesjährigen Tragruten werden nun
die Seitentriebe
bis auf zwei
gut ausge-
bildete
Augen
zurückge-
schnitten.
Hier bilden

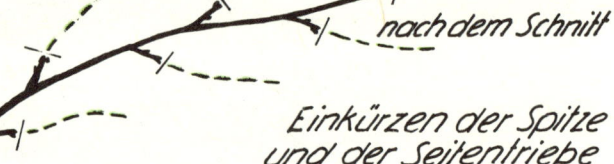

vor und

nach dem Schnitt

Einkürzen der Spitze
und der Seitentriebe

sich später die Fruchtdolden. Übermäßig
lange Ranken werden in der Spitze ebenfalls eingekürzt.

Der Sommerschnitt dagegen bewahrt die
Brombeeranlage vor einer Verwilderung.

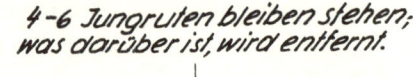

4-6 Jungruten bleiben stehen;
was darüber ist, wird entfernt.

Wir lassen je nach Sorte
nur die 4 - 6 kräftigsten
Jungruten wachsen.
Sie werden an die
noch freien Drähte
gebunden.

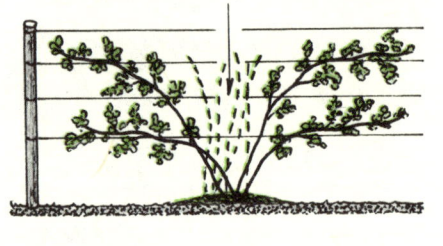

Diese Jungruten entwickeln vom Juni
bis Juli zahlreiche Seitentriebe.

Sommerschnitt

Seitentriebe an den
Jungruten auf 2-4
Augen zurückschnei-
den (entgeizen).

Nach einigen Wochen
erneut entgeizen.

Seitentriebe
Jungrute

vor und

nach dem Schnitt

An den eingekürzten Seitentrieben
bilden sich im nächsten Jahr kräftige Fruchtrispen.

Winterschutz

Je nach Sorte und Strenge des Winters brauchen Jungruten Schutz.
Eine wirksame Maßnahme ist das Runter-legen und Feststecken der nächst-jährigen Tragruten mit Haken oder Bügel und anschließen-dem Abdecken mit reichlich Laub oder Stroh.

Jungruten werden nach unten gebogen und bekommen einen Winterschutz. (Sie sind die Tragru-ten für das nächste Jahr).

Diesjährige abgetragene Tragruten. (Sie werden im März bo-deneben ab-geschnitten).

Dieser Winter-schutz sollte, um ein Anwurzeln zu vermeiden, erst nach dem ersten Frost angelegt werden.
Niemals jedoch während des Frostes, sonst kann es passieren, daß die Ruten brechen.

Es kann trotzdem passieren, daß die Ruten in einem extrem frostharten und schnee-freien Winter erfrieren.
Selten erfriert der gesamte Busch. Er treibt im Frühjahr wieder aus. Nur für das eine Jahr fällt dann leider die Ernte aus.
Alle frostgeschädigten Ruten werden in diesem Fall bodeneben abgeschnitten.

Die Vermehrung

Ganz einfach läßt sich die Vermehrung der Brombeerbüsche durchführen.
Wir legen einen für einen Ableger geeigneten

Seitentrieb in den Boden. Die günstigste Zeit dafür ist der August.

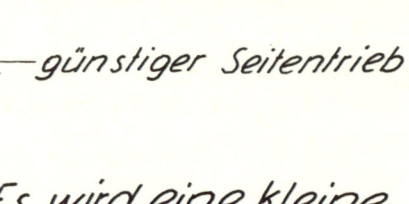

günstiger Seitentrieb

40-50cm

Es wird eine kleine Mulde in den Boden ge- buddelt. Der Seitentrieb soll im abgesenkten Zustand die Mulde ca. 40-50 cm überragen.

In diese Mulde wird nun der geeignete Seitentrieb abgesenkt und mit Holz- haken (Draht- haken schnei-

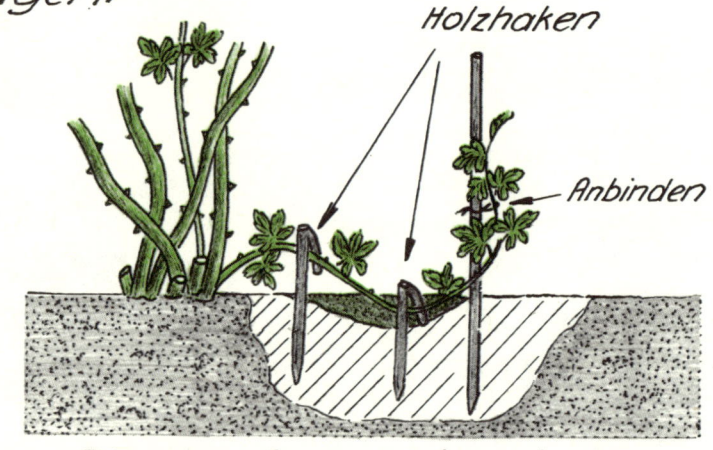

Holzhaken

Anbinden

den zu stark in die Rinde) festgesteckt. Die Triebspitze wird an einem Stab senkrecht angebunden.
Das Loch wird mit guter Erde gefüllt und leicht angedrückt.

Im Herbst abschneiden

Zum Herbst hat unser Ableger ein gutes Wurzel- werk gebildet und kann verpflanzt werden. Besser ist allerdings eine Frühjahrsverpflanzung.

Bei den nichtrankenden Sorten werden (wie bei den Himbeeren) die Ableger mit dem gesamm- ten Ballen ausgegraben und verpflanzt.

Krankheiten und Schädlinge

Brombeer – Rankenkrankheit (Rhabdospora ramealis)

Vor allem die rankenden Sorten werden von dieser Pilzkrankheit befallen. Im Laufe des Sommers erscheinen an den befallenen einjährigen Ruten zuerst rötliche Flecken, die sich im fortschreitenden Stadium violettbraun verfärben.

Rankenkrankheit

Die befallenen Triebe fangen an zu kümmern. Bei starkem Befall gehen sie langsam ein.
Bei Schnitt- und Pflegearbeiten sollten wir sorgfältig vorgehen und jede Rutenbeschädigung vermeiden.
Beschädigte Ruten sind besonders pilzanfällig.

Maßnahmen:

- Vorbeugend gutes Auslichten.
- Rutenbeschädigungen vermeiden.
- Auf gleichmäßige Feuchtigkeit achten.
- Ständige Bodenbedeckung einhalten.
- Nur mäßige Stickstoffdüngung vornehmen.
- Vorbeugend Preicobakt spritzen.
- Befallene Ruten bodeneben herausschneiden und verbrennen.

Brombeermilbe (Aceria essigi)

Die Brombeermilben überwintern bevorzugt an geschützen Stellen des Busches und in

vertrockneten Beeren (Fruchtmumien).
Bei ansteigenden Frühjahrs-
temperaturen beginnen die
Milben über Stengel und Blätter
zu den Blüten und Früchten zu wandern.
Hier können sie großen Schaden
anrichten.
Sie saugen an den unreifen
Früchten, die dann vorzei-
tig hellrot bis rot werden
und nicht weiter wachsen.
Diese Beeren schmecken
sehr sauer und sind nicht
mehr verwendbar.

Schadbild der Brombeermilbe

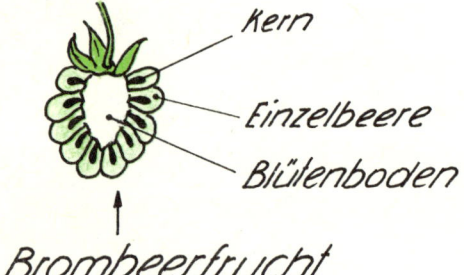

Kern

Einzelbeere

Blütenboden

Brombeerfrucht

Da an einer Brombeerfrucht
selten alle Einzelbeeren an-
gesaugt werden, gibt es
immer wieder an einer ge-
schädigten Frucht Einzel-
beeren, die ausreifen und
schwarz werden.

Maßnahmen:

- Boden ganzjährig mulchen.
- Überflüssige Triebe sofort abschneiden.
- Fruchtmumien entfernen.
- Spritzen mit einem Gemisch von Rainfarntee
  und Algenkalk, 2mal im Spätherbst und 1mal
  im Frühling.
- Nach dem Frühjahrsaustrieb mit Bio-S spritzen,
  im Abstand von 10 Tagen 2mal wiederholen.

Die Roten und Weißen Johannisbeeren
(Ribes rubrum)

Besonders die Roten Johannisbeeren sind für wenig
erfahrene Garten-
freunde ein problem-
loses Beerenobst.
Früher Ertragsbeginn und die
vielseitige Verwendbarkeit der
Früchte als Saft, Gelee und
Gefriergut erklären ihre
Beliebtheit.
Die Weißen Johannisbeeren
schmecken milder und sind
hauptsächlich zum Rohverzehr geeignet. Die
Erträge der weißen Sorten sind wesentlich
geringer als die der roten.

Die Wildformen der Johannisbeeren stammen aus Europa und Nordamerika.
Ihre Verbreitung als Gartenpflanze begann
erst im ausgehenden Mittelalter.

Die recht unterschiedlichen Wuchsformen sind
auf diese verschiedenartige Herkunft zurückzu-
führen.

flachoval   breitoval   rund   hochoval

Die Roten und Weißen Johannisbeeren sind
winterharte, ertragssichere, wenig krankheits-

anfällige Sträucher. Es gibt auch Zuchtformen von Halb- und Hochstämmchen..

Diese Anbauart erleichtert die
Pflückarbeit beträchtlich, wenn
auch ihre Erträge an die der
Sträucher längst nicht heranreichen.

Die Hauptwachstumszeit dieser Pflanze ist
im April und Mai.
Obwohl die Blüten selbstfruchtbar sind,
ergibt eine zweite Befruchtersorte
höhere Erträge.
Die Früchte sind je nach Sorte hell-,
mittel-, dunkelrot oder gelblich-weiß.
Die Blütezeit beginnt je nach Standort, Sorte
und Witterung Anfang bis Ende April, die
Reifezeit je nach Sorte Ende Juni bis August.

Geerntet werden nur vollreife Früchte, möglichst an trockenen Tagen.
Wir empfehlen, mit der einen Hand zu
pflücken, während die andere den Zweig
hält.

Gesundheitswert
Weil reich an Vitaminen und Mineralstoffen,
wirken die Roten und Weißen Johannis-

beeren besonders gut
in roher Form, entweder
als Beeren oder als Preß-
saft verzehrt.
Ihrer vielen Kerne wegen
sind sie ballaststoffreich
und dadurch verdau-
ungsfördernd.
Sie entgiften den Körper und helfen bei Rheu-
matismus, bei Hautkrankheiten, die durch

schlechte Verdauung entstanden sind, bei Entzündungen der Harnwege und Infektionskrankheiten.

Standortansprüche

In frostgefährdeten Lagen sollte man auf den Anbau von frühen Sorten verzichten.

Ansonsten gedeihen die Roten und Weißen Johannisbeeren in fast jedem Boden, wenn er nur genügend Humus enthält. Überwiegend sandige Böden scheiden wegen der raschen Austrocknung aus.

Ideal ist ein mittelschwerer, humoser, nährstoffreicher feuchtigkeitshaltiger Boden mit einem pH-Wert von 5,8 bis 6,8.

An sonnigen Standorten ist der Zuckergehalt der Beeren höher als bei mehr im Schatten angebauten, dennoch gedeihen sie noch im Halbschatten, also auch in Ostlagen und in geringer Entfernung von Obstbäumen.

Starke Windlagen bekommen ihnen nicht. Hochstämmchen stehen; auch ganz reizend fürs Auge, in Staudenrabatten längs des Weges.

Rote Johannisbeeren

Name	Reifezeit	Frucht u. Geschmack	Strauchbeschreibung	Beurteilung
Heros	ab Mitte Juli	groß, lange Trauben, mild, aromatisch, süß	schwachwüchsig, lange Zweige, gut zurückschneiden	wohlschmeckend, anspruchsvoll an den Boden, Ertrag mittel
Jonkheer van Tets	Ende Juni	groß, lange Trauben, aromatisch, säuerlich	starkwüchsig, Zweige überhängend, Rückschnitt	wertvolle Frühsorte, nicht für Frostlagen geeignet, Ertrag mittel-hoch
Macherauś späte Riesentraube	Mitte August	riesengroße Beeren und Trauben, saftig, aromatisch, säuerlich	starkwüchsig, gesund, robust	neue Spitzensorte, hohe Erträge
Red Lake	Mitte Juli	mittelgroß, lange Trauben, hoher Vit.-C-Gehalt, süß-säuerlich, aromatisch	mittelstarkwüchsig, aufrecht wachsend	alle Böden, außer kalkhaltigen, geeignet, mittlere Erträge
Rondom	ab Mitte Juli	groß, lange Trauben, hoher Vit.-C-Gehalt, aromatisch, sauer	starkwüchsig, nur auslichten, nicht zurückschneiden	Ertrag gut, hoch, sicher, hohe Saftausbeute
Rote Spätlese	Anfang August	mittelgroß, mittellange Trauben, saftreich, sauer, wochenlang am Strauch haltbar	starkwüchsig	hohe Bodenansprüche, hohe Erträge, widerstandsfähig
Rotet	ab Mitte Juli	groß, lange Trauben, säuerlich, aromatisch	starkwüchsig, auslichten, gute Steckholzvermehrung	widerstandsfähig, anspruchslos, guter Ertrag
Vierländer	Mitte Juli	mittelgroß, mittellange Trauben, säuerlich, aromatisch	starkwüchsig, breit, aufrecht, nur Auslichtungsschnitt	auf schweren, fruchtbaren Böden, robust, gesund und ertragreich

Alle aufgeführten Sorten haben eine Lagerzeit von 3–5 Tagen und sind tiefkühlgeeignet.

Weiße Johannisbeeren			Strauchbe-schreibung	Beurtei-lung
Name	Reifezeit	Frucht u. Geschmack		
Langtrau-bige Weiße	früh	groß, lange Trauben, süß, saftig, aroma-tisch	breit, auf-recht wach-send, kräftig schneiden	robust, ge-sund, alte, gute Sorte, hoher Ertrag
Weiße Versailler	ab Mitte Juli	mittelgroß, lange Trauben, süß, aro-matisch	starkwüchsig, regelmäßig schneiden	leichte, feuch-te, nährstoff-reiche Böden, Ertrag mittel

Planung und Pflanzvorbereitung

Überlegt werden sollte, welche Zuchtformen wir anbauen wollen:

Fuß-, Hochstämmchen oder Sträucher.

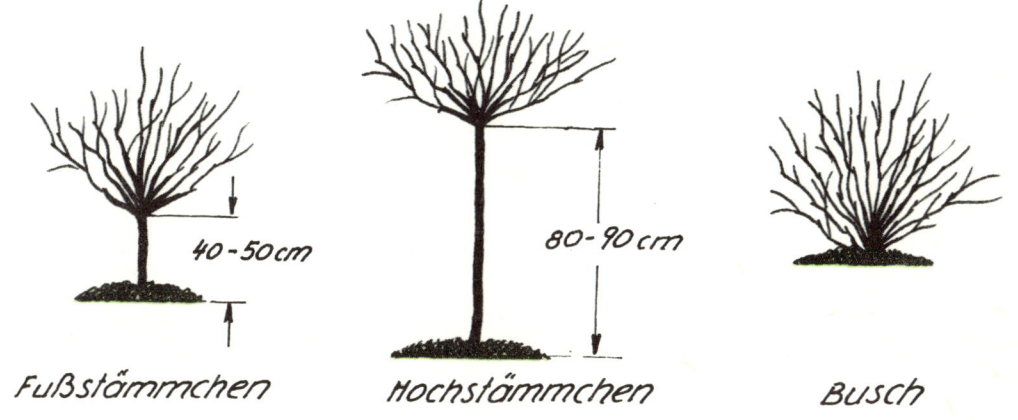

Fußstämmchen 40-50cm   Hochstämmchen 80-90cm   Busch

Von den Baumschulen wird Pflanzware in verschiedener Größenordnung, je nach An-zahl der Gerüsttriebe, angeboten.

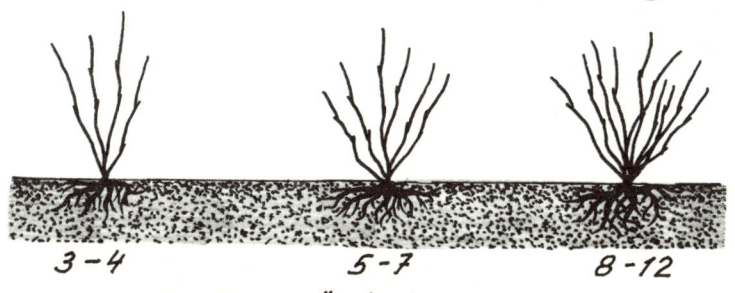

3-4   5-7   8-12

Anzahl der Gerüsttriebe

Neuerdings baut man die Johannisbeere auch als Hecke oder Spindel an. Diese beiden Anbauarten werden bevorzugt im Erwerbsanbau praktiziert und haben dort wohl auch ihre Berechtigung.

Sie müssen viel in Form geschnitten werden, und solche Maßnahmen sollten in einem biologischen Garten die Ausnahme sein.

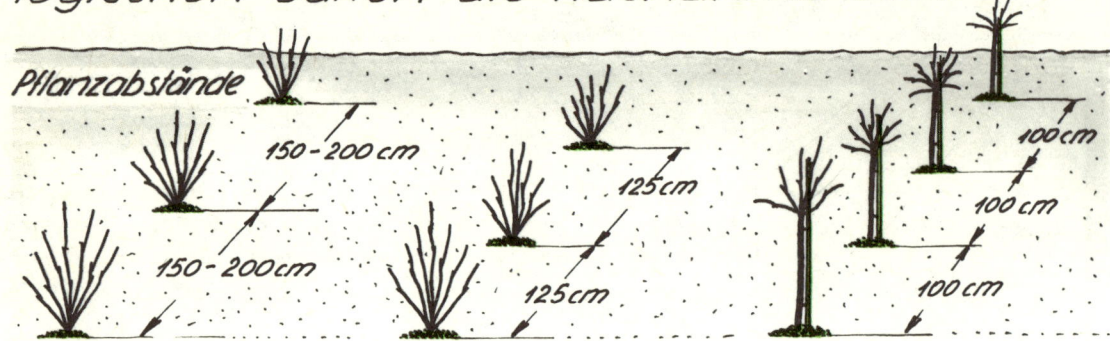

Pflanzabstände

150 – 200 cm
150 – 200 cm
125 cm
125 cm
100 cm
100 cm
100 cm

Starkwüchsige Sträucher   Schwachwüchsige Sträucher   Fuß- und Hochstämmchen

Der Reihenabstand bei allen Sorten beträgt 2-3 m. Mehr als 2 Reihen, also reine Beerenobstquartiere, sind jedoch nicht zu empfehlen, weil sich dann verstärkt die Schädlinge einfinden und vermehren können.

2-3m

Wurzelunkräuter sollen vor der Pflanzung restlos ausgelesen werden, denn sie können später nicht mehr aus den Büschen entfernt werden.

Eine Tiefenlockerung von verfestigten Böden erreichen wir durch Leguminoseneinsaat wie mit Wicken, Serradella oder Ackerbohnen im Jahr der beabsichtigten Herbstpflanzung.

Gepflanzt wird vorzugsweise im Oktober bis Anfang November, es ist jedoch auch eine Pflanzung im Frühjahr (Ende März bis zum 10. April) möglich.

Pflanzvorgang bei Johannis- und Stachelbeeren

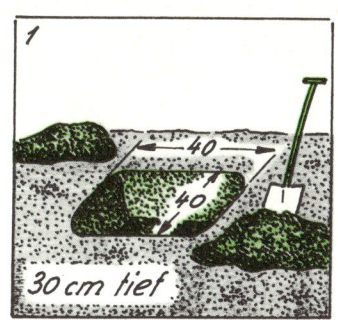

1. Pflanzgrube aushe-
ben (möglichst 14 Ta-
ge vor der Pflanzung).

2. Untergrund gut
lockern.

3. Erdaushub mit Reif-
kompost und Stein-
mehl vermischen.

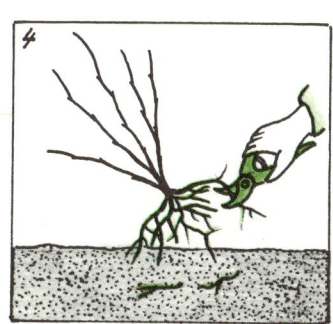

4. Beschädigte Wur-
zeln zurückschnei-
den.

5. Trockenes Wurzel-
werk einige Stunden
ins Wasser stellen.

6. Wurzelwerk 20 Min. in
sämigen Preicobakt-
brei stellen.

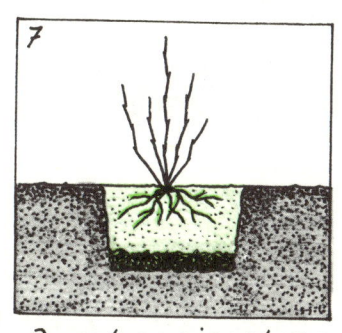

7. Busch so einsetzen,
daß keine Wurzel
abgeknickt wird.*

8. Leicht festtreten,
trockenen Boden
gießen.

9. Pflanzstelle mit
Mulchmaterial
abdecken.

*Alle Sorten von Johannis- und Stachelbeerensträu-
chern werden so tief eingepflanzt, wie sie in der Baum-
schule gestanden haben.
Eine Ausnahme bildet die
Schwarze Johannisbeere.
Sie wird 8 cm tiefer gepflanzt.

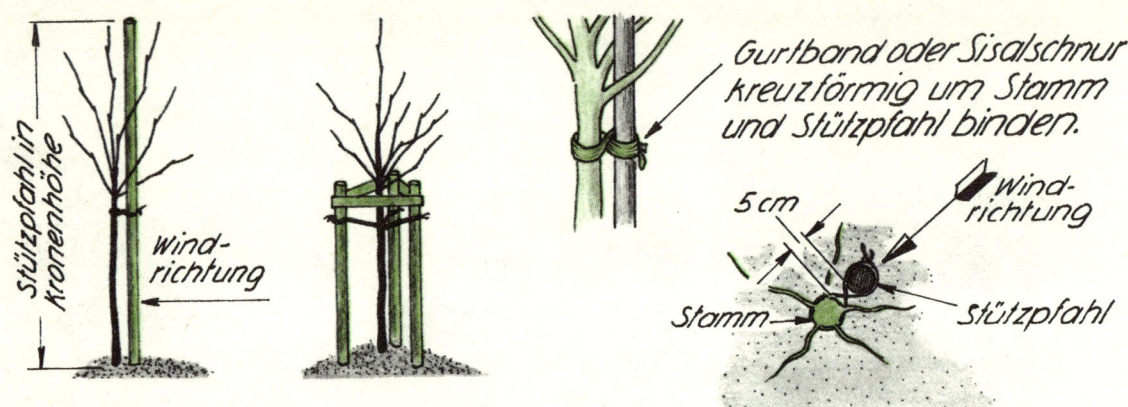

Hochstämmige Pflanzlinge sind sehr sturmgefährdet und brechen leicht ab. Sie brauchen einen Stützpfahl, besser noch ein Stützgerüst.

Der Pflanzschnitt erfolgt bei der Herbstpflanzung erst im Februar bis Anfang März, dabei können Frostschäden gleich beseitigt werden.
Bei der Frühjahrspflanzung wird der Schnitt gleich nach dem Setzen durchgeführt.
Die Temperaturen dürfen dabei nur nicht unter -3°C liegen.

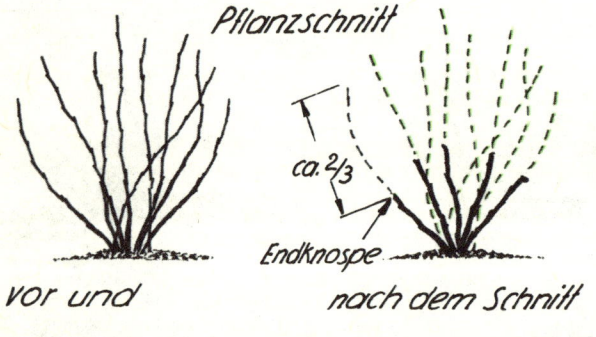

Pflanzschnitt

ca. ²/₃

Endknospe

vor und   nach dem Schnitt

An der Jungpflanze bleiben 5-6 kräftige Triebe stehen und werden auf ca. ⅓ ihrer Länge eingekürzt.
So können sich aus den Endknospen kräftige Aufbautriebe entwickeln, und aus den verbleibenden Teiltrieben kann viel Fruchtholz austreiben.

Sind mehr als 5-6 Triebe vorhanden, werden all übrigen bodeneben abgeschnitten.

Sind beim Setzling bei der Pflanzung weniger als 5-6 Triebe vorhanden, so werden alle stark zurückgeschnitten, und zwar auf 2-3 Augen.

Dadurch wird die Bildung weiterer Aufbautriebe aus dem Wurzelstock stark angeregt.

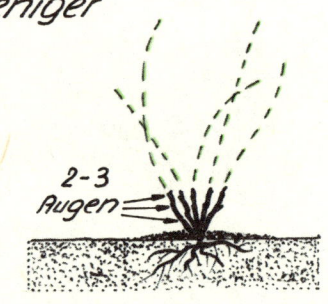

2-3 Augen

Bei den Fuß- und Hochstämmchen bleiben nur 4 Triebe
stehen, und diese werden
auf 4 Augen eingekürzt.

4 Augen
pro Trieb

4 Triebe
pro Strauch

Pflanzschnitt bei Stämmchenpflanzen

Pflege und Düngung
Johannisbeeren sind
Flachwurzler, das
heißt, ihre Faser-
wurzeln sind be-
reits in 5 cm Tiefe
anzutreffen.

5cm

Bodenbearbeitungsarten wie
Umgraben, aber auch
tiefes Durchreißen
würde die Wurzeln also
beschädigen.
Es wird nur flach ge-
lockert, eine Arbeit, die
sich bei ständiger
Bodenbedeckung mit der Zeit auch erübrigt.

Sind zwei Reihen Johannis-
oder Stachelbeersträucher
gepflanzt worden,
können die Zwi-
schenräume in den
ersten 2 - 3 Jahren
mit Buschbohnen,
-erbsen oder an-
derem Gemüse
unterpflanzt werden.

Dieser Zwischenraum kann
noch 2-3 Jahre nach der
Beerenobstpflanzung für
den Gemüseanbau ge-
nutzt werden.

Wird der Platz für Gemüse nicht benötigt,
empfiehlt sich das Einsäen von Gründünger wie Ackerbohne, Phacelia, Lupine, Som-
merwicke oder einem Gemenge verschiedener
Leguminosen.
Von diesen Gründüngerarten sind es die

Schmetterlingsblütler, die den Stickstoff aus der Luft binden und sich und in der Nähe wachsende Pflanzen, in diesem Fall also die Beerensträucher mit, Nitrogenium versorgen.

Alle Gründüngungsarten reichern außerdem durch absterbende und abfrierende Blätter und Stengel, sowie durch ihre verrottenden Wurzeln den Boden mit Humus an.

Stickstoffansammlung durch Knöllchenbakterien bei den Leguminosen.

Der andere Weg ist der mit der ständigen Abdeckung (siehe Bodenbedeckung Seite 20).

Nach der Ernte wird in jedem 2. Jahr 3-4 cm urgesteinsmehlhaltiger Grobkompost oder 1-2 cm Reifkompost gestreut, wobei ersterem der Vorzug zu geben ist. Dieser Kompost

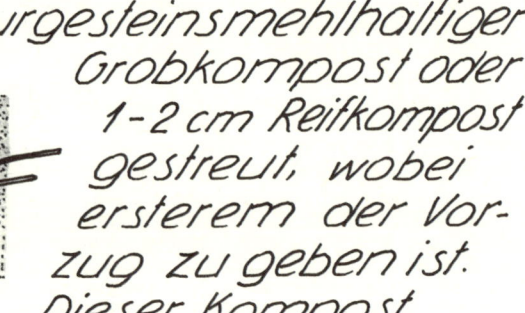

wird zum Schutz noch dünn mit Stroh oder Gras abgedeckt.
Ist kein Kompost vorhanden, werden nach der Ernte Hornspäne oder Rizinusschrot gestreut.
Diese Maßnahmen und die ganzjährige Abdeckung genügen als Düngung vollständig.
In unserem eigenen Garten biegen sich die Johannisbeerbüsche unter der Last der Fruchtmenge.

Ganzjährig bewachsener oder
abgedeckter Boden bleibt
ausreichend feucht, was für
Johannisbeeren der hoch-
liegenden Wurzeln wegen
wichtig ist.
In trockenen Jahren muß
der Boden unter der Ab-
deckung oder Einsaat auf seinen Feuchtig-
keitsgehalt hin kontrolliert werden.
Bei trockenem Boden muß gründlich gewässert werden.

bewachsen oder gemulcht

Schnittmaßnahmen

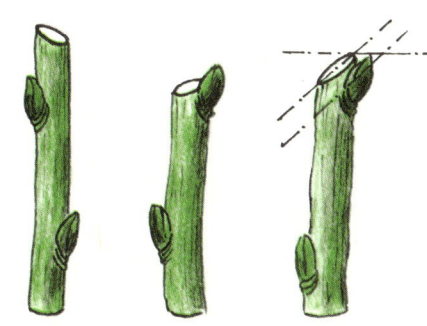

zu lang   zu kurz   richtig
Fruchtholzschnitt

Der laufende Instand-
haltungsschnitt wird im
Spätherbst bis Ende
Februar vorgenommen
und besteht in den er-
sten 3 Jahren in der
Erziehung zu einem
gut verzweigten Busch,
dessen Basis 5 Gerüst-
äste bilden.
Später kann man einen Busch unter günstigen Bedingungen auf 8-10 Äste erwei-
tern.
Rote und weiße Sorten fruchten
am besten an 2-3 jährigem Holz,
an dem sie eine große Anzahl
von Kurztrieben mit Blütenknospen bilden.
Um eine gute Ernte zu
erreichen, sollte bei allen
Schnittmaßnahmen
darauf geachtet werden,
möglichst viel 2-3 jähriges
Holz heranzuziehen.

*Kurztriebe mit
Blütenknospen*

2-3 jähriger Trieb

Auslichtungsschnitt

Vertrocknete, überalterte (4-5 jährige), sich kreuzende und kranke Äste herausschneiden.

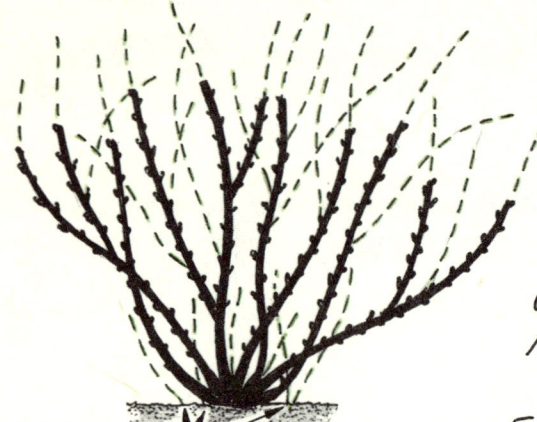

Bodentriebe werden abgeschnitten

Überzählige Jungtriebe bodeneben abschneiden. Es bleiben nur soviel Jungtriebe stehen, wie zum Ergänzen der ausgelichteten Äste nötig sind.

Fruchtholzschnitt

Die Jahrestriebe sollen um ca. ⅓ ihrer Länge gekürzt werden, und immer muß das Auge an der Schnittstelle nach außen zeigen. Dieses Einkürzen regt die restlichen Augen zur Fruchtbildung an.

außen

Verjüngungsschnitt

Jahrelang im Schnitt vernachlässigte, aber noch austreibende Sträucher bedürfen eines Verjüngungsschnittes.
Alle alten Tragäste werden in Bodenhöhe herausgeschnitten. Einige 2-3 jährige Äste und einige Jungtriebe bleiben stehen.

vorher   nachher

Wenn dann diese Jungtriebe noch auf 4 Augen eingekürzt werden, kann der Busch bei guter Bodenpflege wieder voll ertragsfähig werden.
Gut geschnittene Sträucher können bis zu 20 Jahre lang volle Erträge bringen.

Schnitt der Stämmchen

Der Kronenaufbau entsteht durch die beim Pflanzschnitt eingekürzten 4 Kronenäste.
Darauf und auf die Stammverlängerung baut man eine nicht zu dichte Krone auf.

Ansonsten sollte, ähnlich wie bei den Büschen, altes, krankes und sich kreuzendes Holz entfernt werden.
Zusätzlich kürzen wir bei den Bäumchen alle Spitzen der Triebe ein wenig ein.

Hecke

Wer eine Spalierhecke von Roten Johannisbeeren ziehen will, sollte wissen, daß starkwachsende Sorten wie Vierländer, Jonkheer van Tets und Rondom dafür am besten geeignet sind.

Der Vorteil der Hecke besteht darin, daß viel Sonne an die Früchte gelangt und sie darum beste Fruchtqualität bieten.

In sonnigen Sommern kann es zu Sonnenbrandschäden kommen.
Es muß viel geschnitten werden, und die Pflanzen lassen spätestens nach 12 Jahren im Ertrag nach und müssen dann erneuert werden.

Heckenschnitt

1 Für die Heckenerziehung bauen wir ein Gerüst und versehen es mit Drähten.

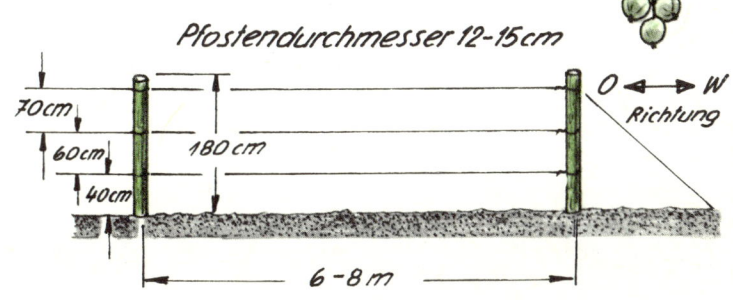

Pfostendurchmesser 12-15 cm

70 cm
60 cm
40 cm
180 cm
O ← → W
Richtung
6-8 m

2 Starkwachsende Johannisbeer- sorten im Abstand von 0,75 – 1m pflanzen.

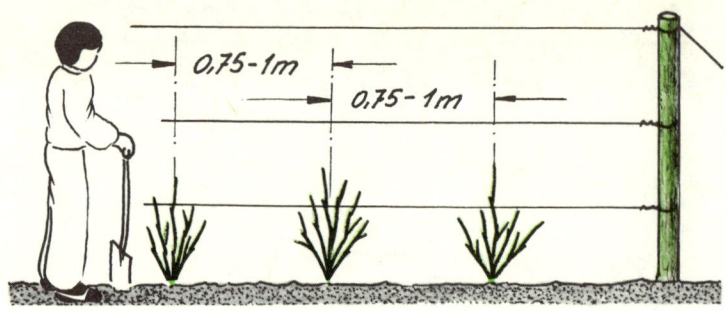

3 Setzling auf drei Gerüstäste zurückschneiden und alle Ver- gabelungen herausschneiden.

fertig geschnitten

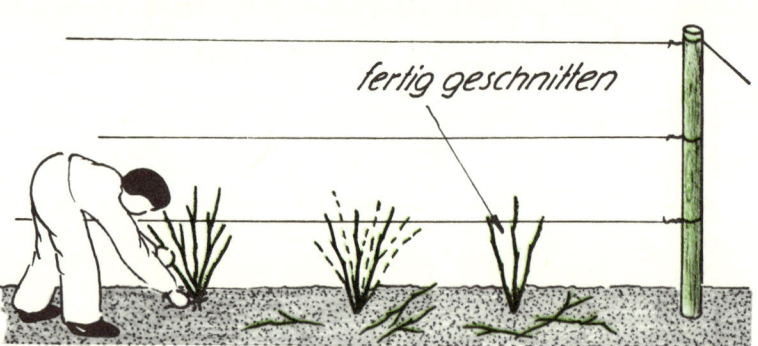

4 Gerüstäste auf eine Höhe von 170cm wachsen lassen und anbinden.

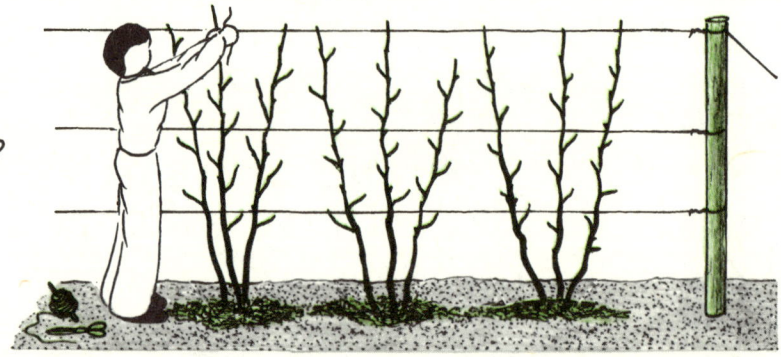

5 Grüne Bodentriebe im Mai entfernen.

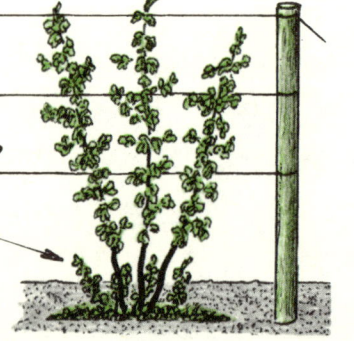

6 Ab drittem Stand- jahr Seiten- triebe auf 2–4 Augen ein- kürzen. Zu dicht stehende ganz her- ausschneiden.

Nach einigen Stand- jahren werden junge Bodentriebe als Ersatzgerüstäste nachge- zogen.

Maßnahmen zur Gesunderhaltung der Pflanzen

Neben der wichtigen Bodenbedeckung, der mäßigen
Düngung und den
erforderlichen Schnitt-
arbeiten sollten wir
vorbeugend einige
einfache Pflege-
maßnahmen er-
greifen.

Da wären als erstes zwei- bis dreimalige Güsse mit
verdünnter Brennesseljauche oder -tee an
den Busch.
Einmal beim Austrieb im Frühjahr, dann
ein- bis zweimal nach der Ernte; so nutzen
sie den Sträuchern für ihre Gesundheit.

Im übrigen sollen die Sträucher genauso
versorgt werden, wie es im 1. Kapitel unter
„Biologische Beerenobstpflege" (siehe Seite 23)
angegeben ist.

Krankheiten und Schädlinge

Die biologischen
Maßnahmen brin-
gen schon große
Erfolge im Vor-
beugen von
Krankheits- und
Schädlingsschäden.
Extreme Witterung
führt zuweilen
dennoch zu Saftstau und Befall.

Vermeiden sollten wir außerdem nicht nur chlorhaltige Düngemittel, sondern auch chlorhaltiges
Leitungswasser zum Gießen, denn Johannisbeeren sind sehr empfindlich gegen Chlor.

Verrieseln

Das Verrieseln können wir nicht als Krankheit bezeichnen. Dennoch bringt dieses Abrieseln eines Teils der Blüten und Jungfrüchte in den ersten 4 Wochen nach der Blüte großen Ertragsausfall.

Die Ursachen des Abrieselns sind recht verschiedener Art.
Besonders langtraubige Sorten neigen dazu. Es scheint unter anderem eine genetische Veranlagung bei bestimmten Sorten dafür vorhanden zu sein.

Weitere Ursachen:
- Frosteinwirkung.
- Naßkaltes Wetter während der Blüte und dadurch geringe Befruchtung.
- Trockenheit während der Blüte.
- Ernährungsstörungen.
- Verletzung der Wurzeln durch zu tiefe Bodenbearbeitung.

Blattfallkrankheit (Drepanopeziza ribis und Pseudopeziza ribis)

Im Sommer (Juni bis August) bilden sich an den Blättern kleine braunschwarze Flecken. Die Blätter rollen sich ein, vergilben und fallen ab.

Die Johannis-, aber auch Stachelbeerbüsche werden von unten nach oben nahezu kahl.
Schuld daran sind die zwei oben genannten Pilzarten.
Die Folgen sind Wuchsstörungen und

damit einhergehende Ertragsminderungen. Die Pilze überwintern im Fallaub und müssen zur Vermeidung von Neuinfektionen hier wie auch am Busch bekämpft werden.

Maßnahmen:

- Beim Pflanzenkauf auf resistente Sorten achten (Jonkheer van Tets).
- Entfernen des alten, abgefallenen Laubes.
- Knoblauch-Zwiebeltee an den Busch und auf den Boden spritzen.
- Beim ersten Auftreten mit einem Gemisch aus verdünnter Schachtelhalmbrühe und Brennesseljauche gründlich naß spritzen.
- Bei starkem Auftreten kurz nach der Blüte Kupfermittel spritzen (zweimal im Abstand von 12 Tagen), ein drittes Mal nach der Ernte.

Rotpustelkrankheit (Nectria cinnabarina)

Meist werden zuerst abgestorbene Aststümpfe befallen.
Besonders dann, wenn sie nicht bodeneben abgeschnitten wurden.

Leicht dringt der Pilz auch in aufgeplatzte oder durch mechanische Einflüsse verletzte und somit gefährdete Äste ein.

Pilzbefall

Aststummel, zu lang

Auch im Astgerüst liegengebliebenes Schnittholz wird befallen.

Schnittholz, liegengeblieben

Maßnahmen:

- Rückschnitt aller befallenen Äste.
- Alle Aststümpfe bodeneben entfernen.
- Schnittholz beseitigen.
- Spritzung mit Schachtelhalmtee, Zwiebelbrühe oder auch Bio-S bzw. ähnlichen käuflichen Mitteln.

Johannisbeerblasenlaus (cryptomyzus ribis)

Anfangs wird diese winzige
Laus, die an den Blattunterseiten
saugt,
meist
übersehen.

Johannisbeerblasenläuse
auf der Blattunterseite.

Erst wenn die rot
gefärbten Blasen
an der Blattober-
seite erscheinen,
wird ihre Anwe-
senheit auffällig.

Ballonartige nach oben
gewölbte rote Blasen.

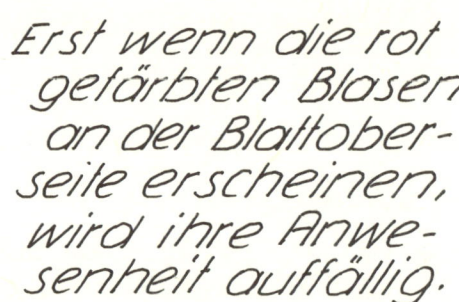

Maßnahmen:

● Rechtzeitiges Spritzen, auch der Blattunterssei-
ten, mit Rainfarntee.
● Mulchen und ein feuchter, lockerer Boden läßt
Läuse verschwinden.
● Stäuben mit feinstvermahlenem Steinmehl.

Schildläuse und Johannisbeerglasflügler treten im
naturgemäßen Beerenobstanbau
kaum auf.
Erstere werden
mit Farnkraut-
extrakt aus-
gepinselt,
die Eier des Johanni-
beerglasflüglers durch
eine Rainfarnteespritzung
nach der Ernte geschädigt.

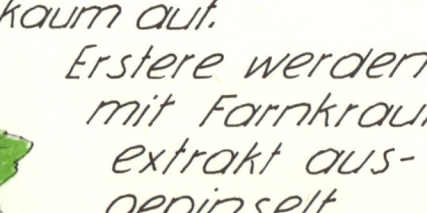

Schild-
läuse

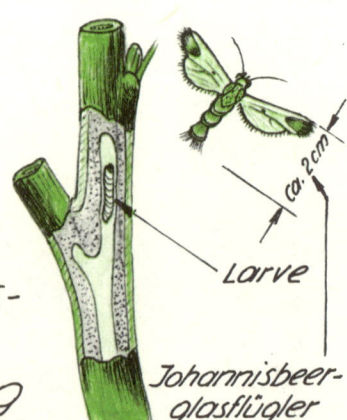

Larve

Johannisbeer-
glasflügler

Die Vermehrung von Johannisbeeren

Vor allem von sortenreinen Johannis-, aber auch von Heidelbeeren und Wildrosen lassen sich mit Hilfe von Steckhölzern Jungpflanzen heranziehen.

Alle roten, weißen und schwarzen Sorten außer der „Roten Spätlese" lassen sich so vermehren.

1 Kräftige, bleistiftdicke Jahrestriebe aussuchen.

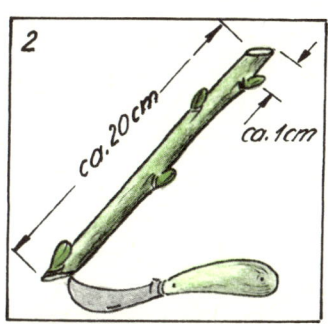

2 Steckhölzer schneiden.

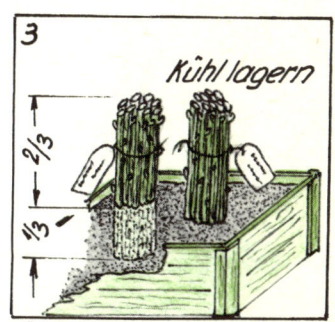

3 Über Winter in feuchten Sand stecken.

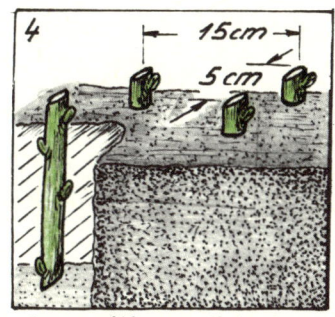

4

5

6

Im zeitigen Frühjahr auf ein vorbereitetes Beet pflanzen, nur 1 Auge schaut heraus. Gut andrücken und mit Rindenhumus abdecken.

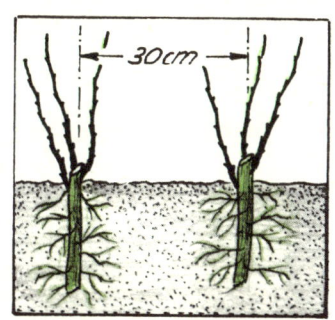

Im Herbst Setzlinge auf einen Abstand von 30×30 cm verpflanzen.

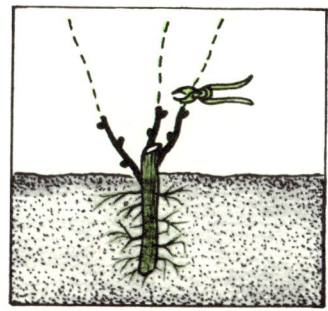

Triebe auf 2 bis 3 Augen zurückschneiden.

1 Jahr später im Herbst sind die Büsche pflanzfähig.

Man nimmt zur Steckholzvermehrung gut ausgereifte, einjährige, bleistiftdicke Triebe. Auch Triebspitzen sind geeignet. Hier bleibt die Knospe an der Triebspitze erhalten.

Aus einem Trieb können mehrere Steckhölzer geschnitten werden.

Rote Johannisbeeren können von August bis November, schwarze außerdem im Frühjahr zu Steckhölzern geschnitten werden.

August- bis Septemberschnitte können noch im gleichen Herbst in ein gut mit Kompost und Rindenhumus versehenes Beet gesteckt werden.
Vor allem schwere Böden müssen verbessert werden, eventuell auch mit Sand.

Später geschnittene Hölzer werden zu ca. 20 Stück gebündelt und in feuchten Sand oder Torf gesteckt. Sie sollen über Winter in einem kühlen Keller oder frostfreien Raum bei einer Temperatur von 2-4 °C aufbewahrt werden. Frisches Steckholz darf keinen Frost bekommen.

Im Frühjahr werden sie dann in ein Pflanzbeet gesteckt, dessen Erde verbessert sein sollte (wie es oben beschrieben ist).
Wichtig ist das Feuchthalten und mehrfache Andrücken der Erde. Hölzer können nur bei gutem Bodenschluß anwurzeln.

Die Schwarzen Johannisbeeren

(Ribes nigrum)

Die Wildformen der Schwarzen Johannisbeeren sind in Mittel- und Osteuropa bis Asien hin beheimatet.
Sie wachsen an Ufern von Bächen und Mooren, und auch den Kultursorten ist ein hohes Feuchtigkeits- bedürfnis eigen.

Ihres sonderbaren Geruches wegen wurde sie relativ spät in die Hausgärten geholt. Ihr Heilwert wurde jedoch schon im 16. Jahrhundert dokumentiert.

Die Kultursorten dieser Sträucher stellen hohe Ansprüche an den Bodenzustand, die Düngung und die Pflege.
Sie besitzen eine höhere Wuchsstärke, längere Trauben, größere Blätter und Früchte als die Wildformen.

Die Blätter besitzen an der Unterseite Drü- sen, die den typischen „Schwarze Johan- nisbeergeruch" ausscheiden.
Diesen Geruch strömt auch die Frucht- haut aus und soll viele Menschen beim Genuß der Früchte stören.

Die verschiedenen Sorten sind zum Teil selbstfruchtbar (Roodknoop) bis fast

selbststeril (Rosenthal's Langtraubige).
Durch Bienenflug wird auf jeden
Fall eine bessere Befruchtung
erzielt, auch durch den Anbau verschiedener Sorten.

An ein- bis zweijährigem Holz setzt
der Ertrag ein und endet an
fünfjährigem.

Ältere Äste werden
unfruchtbar und
müssen darum herausge-
schnitten werden.

Die Ertragshöhe liegt zwischen 4 und 24 kg
je Pflanze (nach Webb 1978).

Es gibt früh-, mittel- und spättragende Sorten.
Frühblühende sollten nur in klima-
tisch günstigen Lagen angebaut
werden, denn die Blüten erfrieren schon bei -2°C.

Das jährliche Wachstum beginnt
im zeitigen Frühjahr, dann nach einer
Ruhepause erfolgt ein zweiter Schub im
Juni.

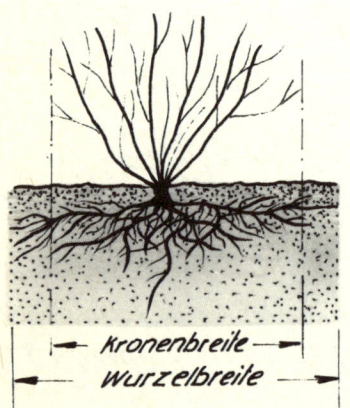

Das Wurzelwerk ist fein gefa-
sert und geht in seinem Um-
fang ein wenig über den der
Krone hinaus.

Die Beeren haben
viele Kerne.
Die Beeren, die dem
Nahrungssaft am

← kronenbreite →
← Wurzelbreite →

nächsten sitzen, werden am größten.

Der Gehalt an Zucker, Säuren und Vitamin-C

hängt von den Temperaturen und der Niederschlagsmenge während der letzten 15 Tage vor der Ernte ab.
Durch hohe Sommertemperaturen entstehen hohe Farbstoffgehalte.
Das Fruchtfleisch selbst ist hell, die Farbstoffe befinden sich nur in der Haut.

Die Ernte beginnt je nach Standort, Sorte und Witterung Ende Juni bis Mitte Juli.
Die meisten Sorten müssen im vollreifen Zustand zügig geerntet werden, ansonsten muß mit Fruchtfall gerechnet werden.

Zog sich die Blütezeit in die Länge, muß in zwei Arbeitsgängen gepflückt werden.
Es finden sich dann reife Beeren an der Traubenbasis, während die Beeren an der Traubenspitze noch grün sind.

Gesundheitswert
Die Schwarze Johannisbeere hat einen sehr hohen Vitamin-C-Gehalt und enthält viel Mineralstoffe.

Schwarze Johannisbeeren in frischer, eingefrorener oder saftiger Form beruhigt Magenschmerzen und chronischen Durchfall, erleichtert Migräne, wirkt heilend bei Fieber, Halsentzündung, Rheuma, Gicht und Schwierigkeiten beim Harnlassen.

Blätter und Blüten, frisch oder getrocknet zu Tee aufgebrüht, sind sowohl ein ausgezeichnetes Gurgelwasser wie harntreibendes Mittel und wirken als Hand- und Fußbad bei Migräne und rheumatischen Erkrankungen lindernd.

Schwarze Johannisbeeren

Name	Reifezeit	Frucht u. Geschmack	Strauchbeschreibung	Beurteilung
Baldwin Hilltop	spät	groß, aromatisch. Sehr hoher Vit.-C- und Säuregehalt	mittelstarkwüchsig, breit	feuchter Standort, hoher Ertrag
Daniels September Black	spät	mittelgroß, mild, säuerlich, hoher Vit.-C-Gehalt	starkwüchsig, breit, überhängend	feuchter Standort, hoher, sicherer Ertrag
Goliath	mittelfrüh	groß, kurze Trauben, Süß-säuerlich, hoher Vit.-C-Gehalt, aromatisch	starkwüchsig, Fremdbestäubung nötig	nährstoffreicher, mittelfeuchter Boden, hoher Ertrag
Roodknoop	mittelfrüh	uneinheitlich groß, aromatisch, Saft braun, hoher Vit.-C-Gehalt	starkwüchsig, breit, dicht, schwer zu pflücken	nährstoffreicher, feuchter Boden, sehr hoher, sicherer Ertrag
Rosenthals langtraubige Schwarze	früh	groß, lange Trauben, sehr sauer, hoher Vit.-C-Gehalt	starkwüchsig, breit, Zweige überhängend, frostempfindlich	besonders für die Verarbeitung geeignet, sehr hoher Ertrag, eventuell Ausfall durch Spätfröste
Silvergieters Schwarze	früh bis mittel	groß, säurearm, wohlschmeckend, hoher Vit.-C-Gehalt	starkwüchsig, breit, vollhängend biegen sich die Zweige	nährstoffreicher Boden, regelmäßige, hohe Erträge
Wellington xxx	mittelfrüh	mittelgroß, sauer, aromatisch, hoher Vit.-C-Gehalt	starkwüchsig, breit, Auslichtungsschnitt erforderlich	für alle Zwecke zu verwenden, hoher Ertrag

Standortansprüche

Die Büsche der Schwarzen Johannisbeeren stehen günstiger in Nord-Nordwest- oder Ostlagen als in reiner West- oder gar Südlage.

ungünstige Standorte

günstige Standorte

In Südlagen beginnt das Blühen zu früh, und das bekommt den frostanfälligen Blüten überhaupt nicht.

Ein Teil Sonne ist zwar erwünscht, aber eine starke Strahlung ist für die Büsche nicht gut, denn sie benötigen nicht nur einen feuchten (allerdings nicht staunassen) Boden, sondern auch möglichst eine hohe Luftfeuchtigkeit.

Die Ansprüche der Schwarzen Johannisbeere an den Boden sind höher als die der anderen Johannisbeersorten.
Sie liebt außerdem einen nährstoffreichen, mittelschweren bis schweren humosen Boden.

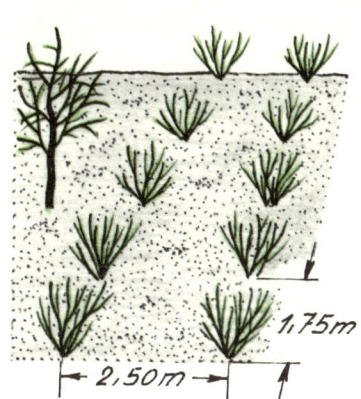

Gut und gesund wächst sie in der Nähe von Sauerkirschbäumen, dort aber nicht zu dicht untergebaut, d.h. in einiger Entfernung vom Stamm.
Die meisten Sorten sind starkwüchsig und brauchen entsprechend viel Platz.

1,75 m in der Reihe mit einem Reihenabstand von 2,50 m sind die gängigen Maße und sollten nicht unterschritten werden.

Pflanzung

Die Pflanzung wird genauso vorgenommen wie bei der Roten Johannisbeere und ist dort (auf Seite 85) nachzulesen.

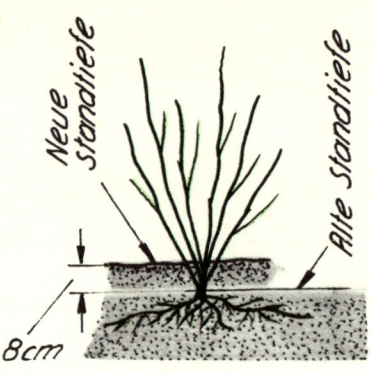

Es sollte bei der „Schwarzen" jedoch unbedingt darauf geachtet werden, daß sie 8 cm tiefer in den Boden gepflanzt wird, als sie ursprünglich in der Baumschule stand.
Dies dient der Bildung ausreichender Bodentriebe. Die Herbstpflanzung ist vorzuziehen.

Pflanzschnitt

Der Pflanzschnitt wird erst im März vorgenommen, die vorhandenen 5 bis 6 Triebe sollen auf ca. 5 Augen eingekürzt werden.

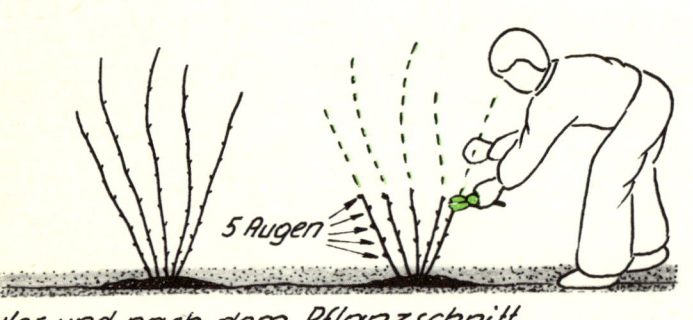

Vor und nach dem Pflanzschnitt.

Sind weniger Triebe vorhanden, wird auf 3 Augen eingekürzt, um den Austrieb anzuregen.

Stämmchen der Schwarzen Johannisbeersorten werden nicht häufig gepflanzt. Wenn doch, gibt es hier keinen Unterschied bei Pflanzung und Pflanzschnitt im Vergleich zu Stämmchen der roten und weißen Sorten.

Pflanztiefe wie in der Baumschule

Sie werden in Abständen von 1 m und nicht tiefer als in der Baumschule stehend gepflanzt.

Pflege und Düngung

Die Pflege- und auch die Düngemaßnahmen unterscheiden sich hier nur in einer Hinsicht von denen der roten Sorten.

Die Schwarze Johannisbeere hat einen hohen Stickstoffbedarf und sollte darum 50% mehr Stickstoffdünger oder Kompost bekommen.

Auch der Bedarf an humusbildenden Material ist groß. Eine ständige dicke Bodenbedeckung erfüllt dieses Bedürfnis und erhält dem Boden die für diese Beerenart so wichtige Feuchtigkeit.

Bei anhaltender Trockenheit muß gewässert werden, sonst fällt der Ertrag niedrig aus, und die Triebe entwickeln sich nur mangelhaft.

Ein anderer Grund für schlechte Fruchtentwicklung ergibt sich aus dem Verrieseln, oft ausgelöst durch Regen oder Frost während der Blüte.

Schnittmaßnahmen

Schwarze Johannisbeeren können sowohl gleich nach der Ernte wie auch im Winter bei Temperaturen bis −3°C geschnitten werden.

Der Busch wird in den nächsten Jahren zu einem kräftigen Gerüst von 8 Ästen aufgebaut. Licht und Luft muß überall hingelangen können.

Schwarze Johannisbeeren tragen am ein- und zweijährigen Holz, das aus dreijährigen Gerüstästen herausgewachsen ist.

Wir kürzen die Triebspitzen nicht ein, weil sich an ihnen und im Mittelteil der Triebe die größten Trauben bilden.

1 = Einjähriges stark tragendes Holz
2 = Zweijähriges nur wenig tragendes Holz
3 = Dreijähriger Gerüstast ohne Früchte
4 = Vierjähriger Gerüstast
5 = Jungtriebe, die im nächsten Jahr Früchte tragen

Vom 5. Standjahr an werden Gerüstäste, die älter als 4 Jahre sind, bodeneben entfernt.

Ebenso beseitigen wir alle schwachen, nach innen wachsenden und kranken Triebe.

5. Jahr
4. Jahr
3. Jahr
2. Jahr
1. Jahr

Fünfjähriger Gerüstast, der in seiner Gesamtlänge hier bodeneben herausgeschnitten werden muß.

Einjähriges Holz wird nicht weggeschnitten, denn an ihm wachsen im 2. Jahr die besten Früchte.

Es bleiben insgesamt ca. 8 ein- zwei- und dreijährige Äste stehen. Dazu lassen

wir immer einige frisch aus dem Boden
kommende Triebe stehen, die die alten
Gerüstäste ersetzen werden.

Auslichtungsschnitt

Vor dem Schnitt

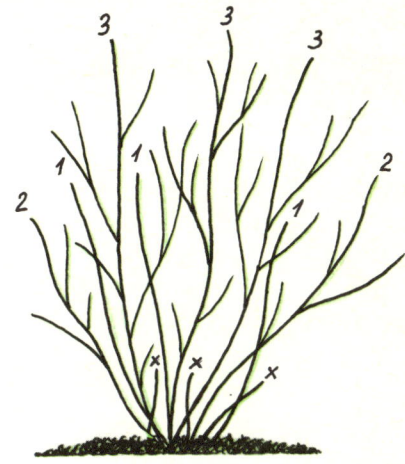

Nach dem Schnitt

1 = Einjährige Äste
2 = Zweijährige Äste
3 = Dreijährige Äste
x = Junge Bodentriebe

Läßt der Neuaustrieb nach,
fehlt es häufig an aus-
reichender Düngung, sie
sollte dann etwas inten-
siver geschehen.
Es kann auch vorkommen, daß der Busch
zu hoch gepflanzt wurde, dann muß angehäufelt werden.
So erneuern wir diese starkwüchsigen
Büsche laufend, um reichliche
Mengen großer Beeren zu
ernten.

Frostschäden
Es gibt zwei Arten des Frost-
schadens bei den Schwarzen
Johannisbeeren.
Die eine ensteht in strengen Wintern
am Holz.
Dagegen sollten wir vorbeugend junge
Büsche anhäufeln, ähnlich wie man das
bei Rosen macht, entweder mit Erde,

Rindenhumus, Stroh oder auch Tannenreisig.

Außerdem
sollte man
junge und
ältere Büsche
im November
mit Preicobakt einsprit-
zen. Das schützt ein wenig gegen Frostschäden und ist gleichzeitig ein Pilz- und
Schädlingshemmer.

Falls die Büsche nun doch erfroren sind,
trocknen die Triebe ein. Sie müssen dann
zurückgeschnitten werden, und die Ernte
zweier Jahre ist leider verloren.
Sie treiben nun wieder aus dem Wurzelstock neu aus.

Der zweite Frostschaden betrifft
die Blüte. Temperaturen von -2°C
können schon beträchtlichen
Schaden anrichten.
Am Abend des zu erwartenden
Nachtfrostes (wetter-
bericht hören) sollte
gegen 18°° Uhr verdünnter
Baldrianblütenextrakt über
den frostgefährdeten Pflanzen fein vernebelt werden.
Diese Maßnahme gleicht Temperaturen bis
-2°C aus. Bei tieferen Temperaturen hilft nur
ein Abdecken der Büsche.

Pflanzenschutzmaßnahmen
Die gleichen „Maßnahmen zur Gesunderhal-
tung der Pflanzen" wie bei den Roten Johannisbeeren sollten auch hier vorgenommen

werden. Sofern die Kulturvorschläge, die in diesem Kapitel gegeben werden, alle beachtet werden, müßte sich der Anbau dieser Gesundfrucht lohnen.

Trotzdem können Witterungsunbilden wie große Hitze oder Dauerregen zu Saftstau und nachfolgend zu Krankheits- und Schädlingsbefall führen.

Krankheiten und Schädlinge

Säulchenrost (Cronartium ribicola)

Man erkennt den Säulchenrost an den gelbroten Pusteln an den Blattunterseiten
Bevorzugt werden davon die Schwarzen Johannisbeeren befallen.
Ab Juli wird dieser Befall sichtbar.
Er wird durch einen Pilz verursacht, der auf den fünfnadeligen Kiefern (z. B. Weymouthskiefer) überwintert.

Bei Befall wird durch vorzeitigen Blattfall die Holzreife eingeschränkt, das führt zu Ertragsminderungen.

Maßnahmen:
- Weymouthskiefern aus der Nähe entfernen.
- Wermut dicht zu den Sträuchern pflanzen.
- Spritzen: dreimal vor der Blüte, einmal nach der Blüte, entweder mit Wermuttee, Schachtelhalmbrühe oder Bio-S, auch die Blattunterseiten.

Weymouthskiefer
(fünfnadelig)

Johannisbeer - Gallmilbe   (Eriophys ribis)

Diese Milbenart ist für die Rundknospen verantwortlich und
damit der ärgste Schädling
der Schwarzen Johannis-
beere.
Sie hält sich schon wäh-
rend des Winters zu
Tausenden in den dann
angeschwollenen Knos-
pen auf, und im April
bis Mai wandern die
Tierchen auf Blätter,
Triebe und Blüten.

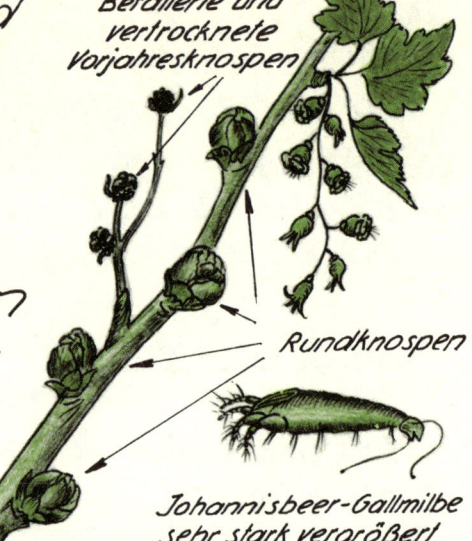

Befallene und
vertrocknete
Vorjahresknospen

Rundknospen

Johannisbeer-Gallmilbe
sehr stark vergrößert

Die alten Knospen vertrocknen dann. Die
Milben besiedeln nach einigen Wochen bereits die Knospen des nächsten Jahres
und schädigen diese.

Eine Bekämpfung kann nur erfolgen, während die Milben
unterwegs sind. Vorbeugend sollten schon im Frühjahr
Triebe mit verdickten Knospen ausgeschnitten werden.
Die Gallmilben sind zugleich Überträger einer Viruskrank-
heit, der Brennesselblättrigkeit.
Diese führt zur völligen Unfruchtbarkeit
ganzer Büsche. Stark befallene Büsche
müssen gerodet und verbrannt werden.
Es gilt darum, die Gallmilbe so früh wie
möglich zu bekämpfen.

Brennessel-
blättrigkeit

Maßnahmen:

● zweige mit verdickten Knospen herausschneiden
  und verbrennen.
● Jungpflanzen und biegsame Triebe durch Heiß-
  wassereintauchen (47,5°C 5 Min.) entseuchen.
● Spritzen mit Bio-S oder NAB-Mischung, einmal
  vor der Blüte, einmal während und einmal kurz
  nach der Blüte (triefend naß).

Die Stachelbeeren

(Ribes uva-crispa var. sativum)

Stachelbeeren werden in Hausgärten verhältnismäßig wenig angebaut, obwohl reife Stachelbeeren doch ausgesprochen köstlich schmecken und ihr gesundheitlicher Wert hoch ist.

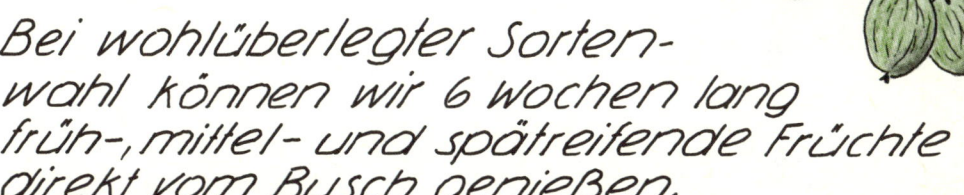

Bei wohlüberlegter Sortenwahl können wir 6 Wochen lang früh-, mittel- und spätreifende Früchte direkt vom Busch genießen.

Die reichtragenden Sorten eignen sich außerdem zur Grünpflücke für ein wohlschmeckendes Frühjahrskompott.

Die Wildform dieser stacheligen Steinbrechgewächse findet sich in Europa, in Asien und in Nordafrika.
In England wurde im vorigen Jahrhundert intensiv Stachelbeerzüchterei betrieben. Schon im Jahre 1810 waren 400 Sorten benannt.
Es gibt ebenfalls erfolgreiche deutsche und amerikanische Züchtungen.

Unterschieden werden die Sorten in 3 Gruppen: Grüne (Weiße), Rote und Weiße.
Erfolgreich und anerkannt und im Handel erhältlich sind nur noch wenige Sorten.

Stachelbeersorten

Name	Farbe	Reifezeit	Frucht u. Geschmack	Wuchsbeschreibung	Ertrag	Mehltau-anfälligkeit
Maiherzog	rot	mittel	groß, glatt, süß-sauer	stark, gering stachelig	mittel	mittel
Maurks Frühe Rote	rot	sehr früh	groß, aromatisch	anfangs stark, viele dünne Triebe	sehr hoch	ja
Rote Preisbeere	rot	sehr früh	groß, glatt, gutes Aroma	mittel, stachellose Jahrestriebe	regelmäßig mittel	mittel
Rote Triumph	rot	mittel	groß, etwas behaart, süß-säuerlich	stark, stark stachelig, widerstandsfähig	sehr hoch	ja
Grüne Kugel	grün	mittel	groß, glatt, mild, aromatisch	stark, mittelmäßig stachelig	mittel	ja
Resistenta	grün	spät	groß, glatt sehr fest	stark, widerstandsfähig	gut	nein
Robustenta	grün	spät	mittel, glatt, sehr fest	stark, widerstandsfähig	gut	nein
Weiße Kristallbeere	grün-weiß	früh	groß, glatt, süß, aromatisch	stark, dicht, gut schneiden	gut	gering
Weiße Neckartal	grün-weiß	früh	groß, glatt, mild, aromatisch	stark, dicht, gut schneiden	gut	gering
Weiße Triumph	weiß	mittel	groß, dünne Schale, aromatisch	stark, aufrecht	sehr hoch	groß
Weiße Volltragende	weiß	spät	sehr groß, glatt, süß, saftig	stark, gedrungen	hoch	mittel
Früheste Gelbe	gelb	sehr früh	klein, borstig, aromatisch	kräftig, aufrecht	gut; Liebhabersorte	gering

Stachelbeersorten				Wuchs-beschrei-bung	Ertrag	Mehltau-anfällig-keit
Name	Farbe	Reife-zeit	Frucht u. Geschmack			
Gelbe Triumph	gelb	mittel	mittel, glatt, süß, aro-matisch	kräftig	hoch	ja
Hönings Früheste	gelb	sehr früh	mittel, sehr weich, süß, aromatisch	stark, dicht, gut schneiden	gering	ja, blatt-fall-anfällig
Lauffener Gelbe	gelb	früh	groß, sehr gutes Aro-ma	stark	unter-schied-lich hoch	ja

Die meisten Stachelbeersorten werden sowohl als Sträucher wie auch als Fuß- oder Hochstämmchen angeboten.

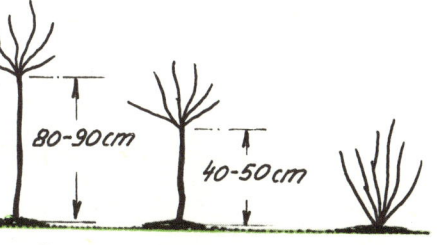

80-90cm

40-50cm

Hochstämmchen Fußstämmchen Busch

Die Stämm-chen sind am Kronenansatz veredelt.

Veredlungsstelle

Die Pflege- und Pflückar-beiten sind bei dieser stache-ligen Pflanze an Stämmchen leichter vorzunehmen.

Stachelbeeren tragen bevorzugt an zwei- bis dreijähri-gem Holz.

Die zwittrigen Blüten sind zwar selbstfruchtbar, trotzdem sollte mindestens eine Befruchtersorte in der Nähe stehen. Bienen- und Hummelflug hilft außerdem der Befruchtung.

Behaarung   Stiel

Haupt- u. Nebenadern   Stielchen
Stachelborsten

Die Fruchtformen sind sehr verschieden.

Kelchrückstand   Fruchtblättchen

Unterschiedlich ist auch der Flaum (Behaarung). Manche Sorten haben fast glatte Früchte, andere sind stark behaart.

rund   breitoval   oval

schmaloval eiförmig birnenförmig

Die Zweige sind mit Stacheln besetzt, auch hier je nach Sorte mehr oder weniger stark.

Winterhart sind Stachelbeerbüsche bis zu Temperaturen von –18°C. Tiefere Temperaturen führen häufig zu Holzschäden. Frühjahrsfröste unter –3°C schädigen die Blüte, selbst kleine Beerchen fallen bei Maifrösten zuweilen ab.

Das Holz der Stachelbeerpflanzen wächst zwischen Mitte April und Ende Mai am stärksten.

Ernte

Als einzige Beerenart wird die Stachelbeere auch in unreifem Zustand gepflückt. Unreife Stachelbeeren eignen sich als Kompottfrucht, Einweckfrucht und Kuchenbelag.

Wir pflücken ein Drittel groß gewachsene, unreife Früchte je nach Sorte und Witterung schon Ende Mai. So sind sie nicht so sauer wie ausgewachsene unreife Beeren.

Die übrigen Früchte wachsen dann um so größer, denn sie bekommen durch dieses Ausdünnen mehr Nahrung und Platz.

Natürlich können auch ausgewachsene, unreife Stachelbeeren geerntet und verarbeitet werden.
Konserviert schmecken sie sogar zarter als die reifen. Letztere benötigen zwar weniger Zucker oder Honig, jedoch ist ihre Schale hart.

Reife Früchte finden neben dem Rohgenuß auch noch zur Herstellung von Süßmosten Verwendung.
Beim Pflücken sollte das Stielchen an der Frucht bleiben, andernfalls entstehen Fruchtverletzungen.

Gesundheitswert
Hoher Vitamin-A-Gehalt zeichnet die Stachelbeeren im reifen Zustand aus.
Sie enthalten viel Zitronen-, Wein- und Apfelsäure. Preßsaft wirkt, mit Honig verrührt, günstig bei Blutarmut, Drüsenleiden und Gicht.

Standortansprüche
Lockeren, tiefgründigen, mittelschweren Boden wünscht sich die Stachelbeere.
Ideal für ihr Gedeihen sind Kalkmergelböden.
Doch auch unter weniger günstigen Bedingungen wächst die Stachelbeere.
Der pH-Wert des Bodens sollte so um 7 herum

liegen. Sie steht gut im Wechsel mit Johannisbeeren, besonders die Stachelbeerstämmchen.
Wegen des schweren Fruchtbehanges stehen Hochstämmchen sicherer in einem Dreiecksgerüst.

Johannisbeerbusch   Stachelbeerstämmchen

In vollsonnigen Lagen bekommen die Früchte oft Sonnenbrandflecken.

Stachelbeeren gedeihen gut im Halbschatten. Solch ein Standort nutzt auch dem Erhalt der Bodenfeuchtigkeit, denn Stachelbeeren brauchen einen feuchten, jedoch nicht staunassen Boden.

Der frühen Blüte wegen sollte in Spätfrostlagen auf Frühsorten verzichtet werden.

Planung und Pflanzvorbereitung

Bei Stachelbeeren sollte aus Gründen der Arbeitserleichterung überlegt werden, ob wir nicht Fuß- oder Hochstämmchen pflanzen wollen.

An die Krone der Stämmchen gelangt man bei Schnitt- und Pflückarbeiten leichter als an die der Büsche. Sträucher werden im Durchschnitt 14 Jahre alt, Stämmchen leben oft nur kürzere Zeit.

Stämmchen leiden zuweilen unter Wassersucht.

Dabei bildet sich durch Stickstoffüberdün-
gung oder staunasse Böden unterhalb der
Veredlungsstelle eine weiche
Verdickung.
Vorbeugende, mäßige
Düngung und Kräuter-
unterwachsung
helfen, diesen durch
Saftstau enstehenden Schaden zu vermei-
den.

Veredlungsstelle

Wassersucht-
verdickung

Pflanzabstände:
Strauch
in der Reihe 1,50m
Reihenabstand 2m.
Stämmchen
in der Reihe 1m
Reihenabstand 2m.

1,50m

2m
Busch

2m
Stämmchen

1m

Weitere Pflanzvor-
bereitungen siehe unter Rote Johannisbeere
(Seite 83), Pflanzung (siehe Seite 85).

Pflanzschnitt
Der Pflanzschnitt muß
Ende Februar erfolgen,
weil im März
der Saft
schon in
den Trieben
kreist.

4 Kronenäste
auf 4 Augen
zurückgeschnitten

5-6 Gerüstäste
auf 4 Augen
zurückge-
schnitten

Die Wurzeln sind durch das Umpflanzen ge-
schwächt und sollen durch den Pflanzschnitt
in das richtige Verhältnis zur Krone gebracht werden.
Es genügen für den Busch 5-6 und für
die Stammausführung 4 Kronenäste.
In beiden Fällen wird auf je 4 Augen
zurückgeschnitten.

Schnittmaßnahmen

Stachelbeersträucher verwildern leicht. In schlecht- oder ungeschnittenen Anlagen siedeln sich Krankheiten an, und die Pflückarbeit ist unnötig erschwert.

Man achte in den ersten 2 Jahren auf einen Strauchaufbau durch 8 kräftige Gerüstäste. Alles überflüssige Holz wird entfernt. Dazu zählen auch überhängende Äste. Da wir von den sich zu Boden neigenden Ästen doch nur verschmutzte Beeren bekämen, entfernen wir sie.

Diesjährige Triebspitzen, sie tragen im nächsten Jahr Früchte

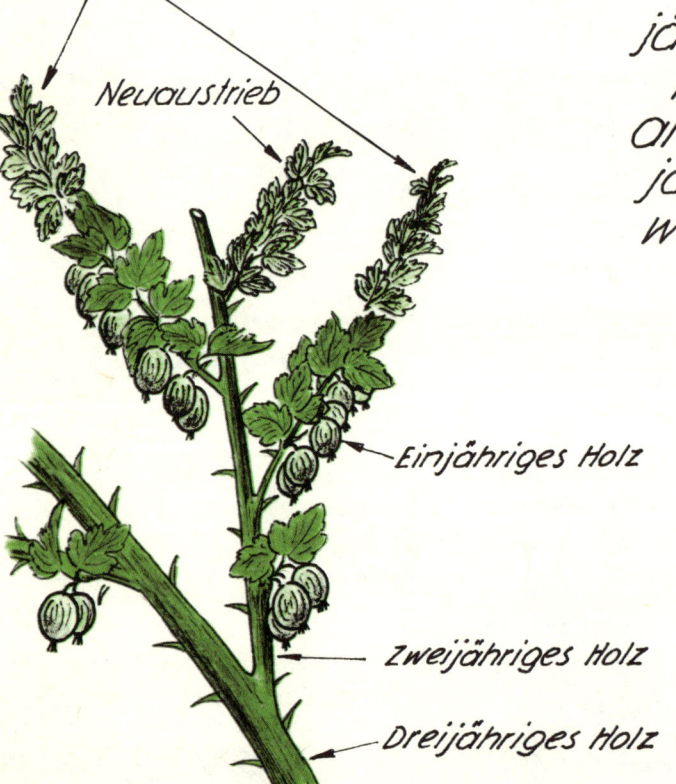

Neuaustrieb

Einjähriges Holz

Zweijähriges Holz

Dreijähriges Holz

Die besten Früchte wachsen an vorjährigen Seitentrieben, aber auch an zwei- und dreijährigem Holz wachsen Beeren.

¹/₃ Triebspitze

Fruchtholz

Alle Fruchthölzer und Triebspitzen werden nach der Verholzung, an frostfreien Tagen, um ⅓ ihrer Länge eingekürzt. Dadurch wird der Nachwuchs an seitlichen Austrieben (Fruchtholz) gefördert.

Sind Sträucher mehrere Jahre nicht geschnitten worden und schon stark verwildert, bekommen sie einen Auslichtungsschnitt.
Hierbei werden weggeschnitten:

- Alles alte und schwache Holz.
- Schwache Jungtriebe.
- Zu dicht stehende und sich kreuzende Äste.
- Überhängende Äste.
- Triebspitzen und Fruchthölzer werden eingekürzt.

Stachelbeerstrauch vor und nach dem Auslichtungsschnitt.

Krankheiten und Schädlinge

Amerikanischer Stachelbeermehltau

Dieser Pilz tritt besonders bei feuchtwarmem Wetter auf und überträgt sich von Pflanze zu Pflanze.
Vereinzelt tritt er außer bei Stachelbeeren auch an Johannisbeeren auf.

(Sphaerotheca mors uvae)

Ein weißgrauer Belag überzieht vor allem die Triebspitzen, bei starkem Befall auch die Blätter und Früchte.
Das Wachstum der Spitzen wird stark eingeschränkt, befallene Blätter fallen mit der Zeit ab, und die Früchte werden ungenießbar.

Maßnahmen:

- Luftigen Standort wählen.
- Strauch gut auslichten.
- Einkürzen der Triebspitzen (befallene Triebspitzen verbrennen).
- Ständige Bodenbedeckung

Durch Stachelbeermehltau verformte Triebspitzen (Korkenzieherform) werden eingekürzt.

Die Stachelbeeren

- Keine triebige Düngung geben.
- Vorbeugende Spritzung mit einem verdünnten Gemisch von Rainfarn-, Schachtelhalm- und Brennesseltee.
- Bei Vorjahrsbefall einmal vor und einmal nach der Blüte Bio-S spritzen.

(Puccina caricina phringsheimiana)

Stachelbeerrost
(Stachelbeerbecherrost)
Diese Rostpilze überwintern an Sauergräsern und wehen erst im Frühjahr auf Stachel- oder auch auf Johannis- beerbüsche.
Auf den Blättern und Früchten entwickeln sich orange bis dunkel- rote Polster.
Später bilden sich darauf muldenartige Vertiefun- gen, in denen sich weitere Sporen ansiedeln. Diese wechseln nun wieder zu den Gräsern über.

Muldenartige Vertiefungen
(stark vergrößert)

Maßnahmen:
- Sauergräser aus der Nähe entfernen.
- Schachtelhalmbrühe im Frühjahr und Herbst auf Strauch und Boden spritzen.
- Bei Vorjahrsbefall Bio-S spritzen.
- Bei Befall Sträucher stark zurück- schneiden.

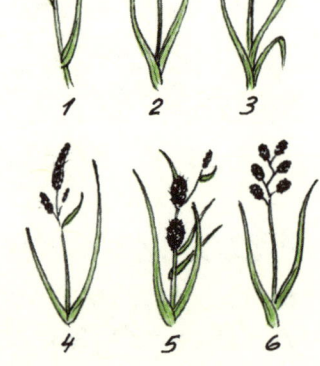

Sauergräser der Gattung Carex (Seggen) dienen dem Rostpilz als Zwischenwirt.
1 Blaugrüne Segge   2 Gelbsegge   3 Hirsesegge

4 Rispensegge
5 Behaarte Segge
6 Hasenpfotensegge

Blattfallkrankheit
(Siehe Seite 94)

Stachelbeerspinnmilbe (Bryobia praetiosa)

Diese Virusüberträgerinnen überwintern an den Zweigen des Stachelbeerstrauches. Im Frühjahr wandern sie an die Blätter.
Sie saugen so stark am Laub, daß es sich erst weißlich gesprenkelt verfärbt, später graubraun wird und schließlich angetrocknet abfällt. Die Früchte bleiben klein und reifen nicht aus.
Befallen werden oft Büsche, die der Sonne voll ausgesetzt sind.

Maßnahmen:

- Starke Spritzung Anfang März mit Rainfarntee.
- Bei Befall Heißwasserspritzung (50 - 55°C).

Stachelbeerspanner (Abraxas grossulariata) und Stachelbeerblattwespe (Pteronidea ribis)

Die Raupen beider Schädlinge richten oft große Fraßschäden an.

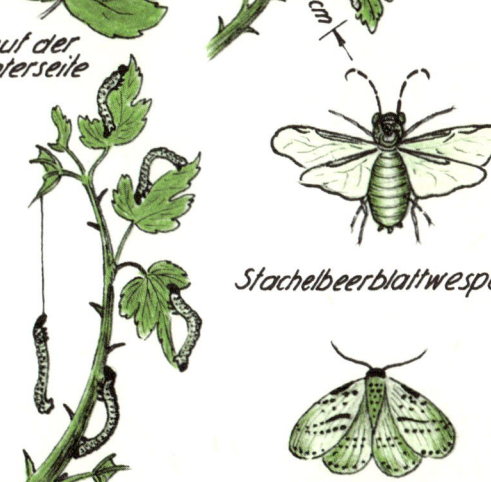

Eiablage auf der Blattunterseite

Stachelbeerblattwespe

Stachelbeerspanner

Maßnahmen:

- Bei geringem Befall Raupen ablesen.
- Stoff oder Papier unter dem Busch ausbreiten, kräftig schütteln und die herabgefallenen Tiere sofort vernichten.
- Strauch mit Algomin (Algenkalk) einstäuben.

Vermehrung von Stachelbeeren

Die Steckholzvermehrung, die bei Johannisbeeren sichere Ergebnisse bringt, ist für die Stachelbeeren im Hausgarten weniger geeignet. Gartenbaubetriebe haben damit Erfolg.
Die günstigste Vermehrungsart scheint uns die mit Absenkern zu sein.

Hierfür wird im Frühjahr ein kräftiger vorjähriger Trieb flach auf den vorher gut mit Komposterde versorgten Boden gesteckt und mit etwas Erde bedeckt.

Bald wachsen kleine Triebe aus dem Absenker.
Wenn diese Schosser 15 cm hoch sind, werden sie angehäufelt.

Im Herbst wird der niedergelegte Trieb zerteilt, und wir haben dann mehrere gut bewurzelte Einzelpflanzen.
Diese werden nun ins Anzuchtbeet gepflanzt und bleiben dort, bis sie zu kräftigen Jungbüschen herangewachsen sind und an Ort und Stelle gepflanzt werden können.

Die Jostabeeren (Ribes nidigrolaria)

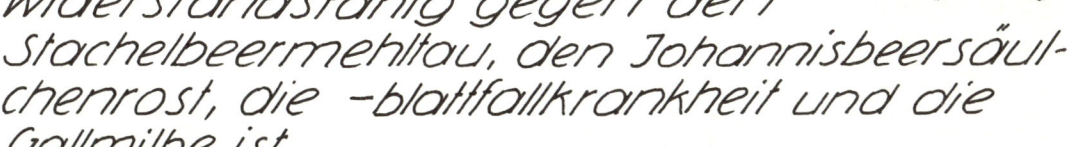

Vierzig Jahre lang wurden von Professor Erwin Baur und seinen Mitarbeitern am Züchtungsforschungsinstitut in Müncheberg Kreuzungen zwischen Johannis- und Stachelbeeren mit dem Ziel betrieben, eine Pflanze zu züchten, die widerstandsfähig gegen den Stachelbeermehltau, den Johannisbeersäulchenrost, die -blattfallkrankheit und die Gallmilbe ist.
Mit den Jahren gelang ihnen diese krankheitsresistente Züchtung.

Im Jahre 1975 wurde diese Kreuzung aus Schwarzer **Jo**hannisbeere, **Sta**chelbeere und Ribes divaricatum unter dem Namen Jostabeere in den Handel gebracht.

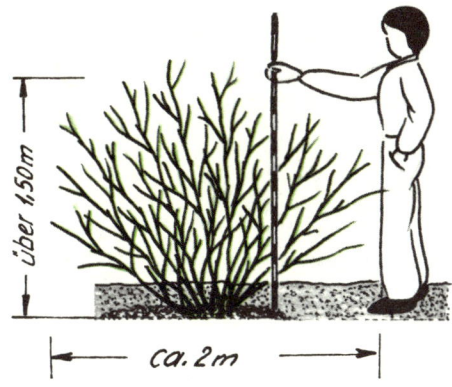

über 1,50 m

ca. 2m

Dieser großwachsende Busch ist für Gärtner geeignet, die wenig Zeit für Pflegemaßnahmen aufwenden wollen, denn diese Beerensträucher haben vergleichsweise geringe Pflegeansprüche, benötigen nur ausreichend Platz.

Standortansprüche und Pflegemaßnahmen
Die Jostabeere wächst in jedem Gartenboden und an jedem Platz. Sie benötigt pro

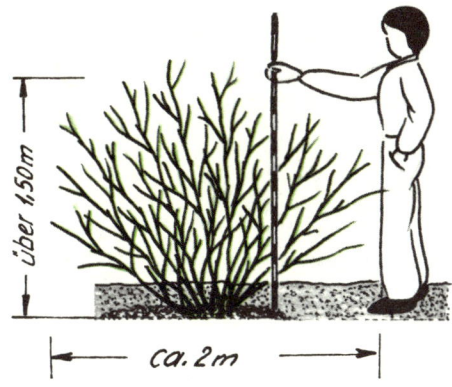

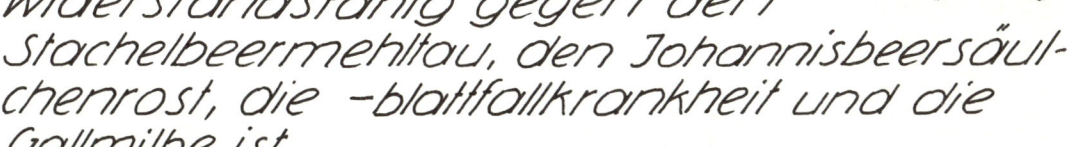

Busch eine Fläche von 4 m² und gedeiht gut mit biologischen Maßnahmen: den Boden nicht wenden und mulchen.

Die Düngeransprüche sind gering und werden durch Kompostgaben von 1 cm pro Jahr befriedigt.

Gepflanzt wird die Jostabeere wie die Rote Johannisbeere (siehe Seite 85), auch genauso tief, wie sie in der Baumschule stand.

Ein Pflanzschnitt ist nicht erforderlich, denn der Strauch wächst unproblematisch an und rasch weiter.

Schnittmaßnahmen

Weggeschnitten werden nur zu dichtstehende, stark überalterte und überhängende Äste.

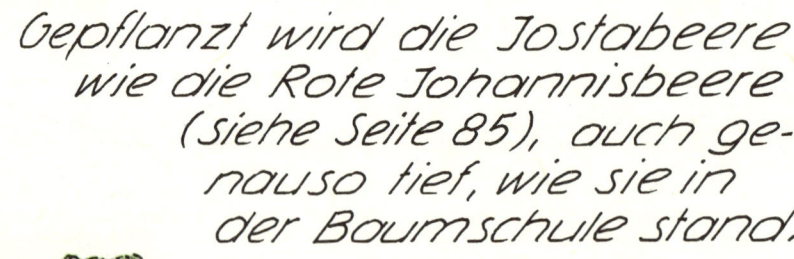

überhängende Äste

Auch beim Schnitt gibt es wenig Arbeit.

Das Holz ist stachelfrei

Früchte

Schon am einjährigen Holz zeigen sich Fruchtansätze. Tragfähig ist jedoch auch mehrjähriges Holz.

Die Reifezeit beginnt Mitte Juli. Ausgewachsene Büsche tragen
5 – 10 Kg Früchte.
Blütenfröste unter – 3,5°C
können zu großen Ernte-
ausfällen führen.

Die Beeren sitzen auch bei
Vollreife fest am Stiel.

Schwarze
Johannisbeere

Jostabeere

Stachelbeere

Das Größenverhältnis der Früchte zueinander

Der Vitamin-C-Gehalt liegt bei ca. 100mg
pro 100g Frucht.
Die Früchte sind glattschalig und geruch-
los.
Der Geschmack dieser farblich dunklen
Frucht ist für viele erst einmal ungewöhnlich.
Säuerlich wie die Stachelbeere mit dem un-
verwechselbaren Aroma der Schwarzen Johannisbeere vermischt, so könnte man ihn
charakterisieren.

Soweit die Jostabeeren nicht roh verzehrt
werden, bietet sich wieder das Einfrieren
bzw. das vielseitige Verarbeiten zu Säften
oder Marmeladen an.

Die Kulturheidelbeeren

(Vaccinium corymbosum)

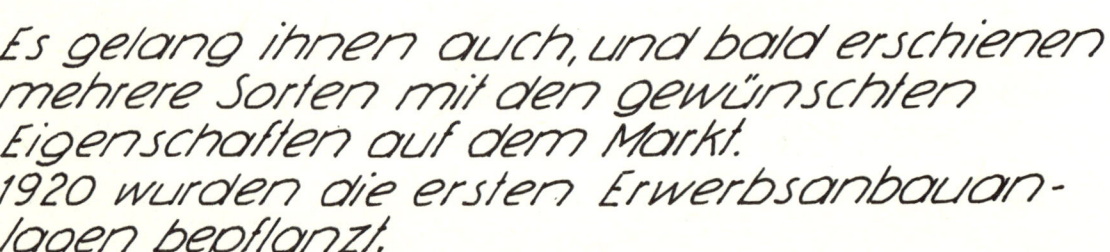

Im Jahre 1906 begannen amerikanische Züchter damit, durch Kreuzungen verschiedener Waldheidelbeerarten neue Kulturheidelbeeren zu züchten mit dem Anspruch, große, platzfeste und haltbare Früchte auf hochwachsenden Büschen hervorzubringen.

Es gelang ihnen auch, und bald erschienen mehrere Sorten mit den gewünschten Eigenschaften auf dem Markt.
1920 wurden die ersten Erwerbsanbauanlagen bepflanzt.

Heutzutage werden in den USA ca. 10000 ha Kulturheidelbeeren angebaut. Sie werden dort so intensiv kultiviert, wie es bei uns mit Erdbeeren geschieht.

In Deutschland hat sich Dr. W. Heermann (in Grethem, Lüneburger Heide) der Heidelbeerzüchtung angenommen und bemerkenswerte Sorten wie Heerma I und Heerma II in den Handel gebracht.

Die Bundesrepublik hat mit ca. 500 ha Anbaufläche den größten Heidelbeererwerbsanbau Europas.
Die Kulturheidelbeerbüsche wachsen meist

1,5 bis 2 m hoch, die Beeren können also im Stehen gepflückt werden. Die Büsche beginnen vom vierten Standjahr an zu tragen und bleiben 25 bis 50 Jahre lang ertragsfähig.

Gesundheitswert

Kulturheidelbeeren enthalten genau wie ihre wilden Vorfahren viel Vitamin A B und C und Eisen.
Diese Inhaltsstoffe nützen den Augen und wirken kräftigend für erschöpfte Menschen.

Die Blätter der Waldheidelbeere helfen, als Tee aufgebrüht, sowohl Diabetikern wie auch bei Magenkrankheiten.
Solch ein Tee fördert bei Mundentzündungen die Heilung, ist harntreibend und wirkt desinfizierend auf die Verdauungswege.
Dies möchten wir nicht versäumen zu erwähnen.
Erwärmter Saft von Heidelbeeren hat bei Erkältungen einen heilenden Einfluß.

Standort- und Bodenansprüche

Unser Klima in Mitteleuropa ist für den Anbau der Kulturheidelbeere bestens geeignet, leider sind es die meisten Gartenböden nicht.
Heidelbeeren benötigen einen sauren Boden mit einem pH-Wert von 3,8 bis 4,8.
Diesen Wert können unsere aufgekalkten Gärten selten vorweisen, außerdem sind sie meist zu nährstoffreich.

Am günstigsten wachsen Heidelbeeren auf

sandigem Ödland oder Hochmoorböden.
Wer also in einem Garten mit lehmigen
Boden Heidelbeeren anbauen will, muß
am Standort den Boden austauschen.

50 cm tiefe Pflanzgrube

150 cm

150 cm

Muttererde

Torf

Sand

Laub- oder
Nadelkompost

Ein hoher Grundwasserstand von 35 bis 70 cm ist ideal.

Pro Pflanze wird dazu eine Pflanzgrube
von 150 × 150 cm Seitenlänge 50 cm tief
ausgehoben und mit einem Gemisch von
Torf, scharfem weißem Sand, Laub- oder
Nadelkompost und ein wenig Mutterboden
gefüllt.
Rindenhumus kann nur einen Teil des Tor-
fes ersetzen, weil bei ihm der pH-Wert
höher als erwünscht ist.

Die Pflanzstelle soll in voller Sonne und
windgeschützt liegen. Bodenfeuchtigkeit ist
während der gesamten Wachstumszeit un-
verzichtbar. Am größten ist der Wasserbedarf
5 Wochen vor Erntebeginn bis zur Ernte.

Kulturheidelbeersorten

Name	Farbe	Frucht u. Geschmack	Strauchbeschreibung	Beurteilung
Berkeley	hellblau	groß, fest, säuerlich, aromatisch, mittelspät	starkwüchsig, breit, ausladend	hohe Erträge, Neigung zum Triebsterben, Vernieselung bei Trockenheit
Bluetta	hellblau	mittelgroß, wohlschmeckend, früh	mittelstark	hohe Erträge, Neuzüchtung aus USA
Bluecrop	hellblau	mittelgroß, fest, säuerlich, ohne Aroma, mittelfrüh	mittelstark, trockenheitsunempfindlich, frosthart	hohe, regelmäßige Erträge, Hauptsorte für den Erwerbsanbau
Blueray	hellblau	sehr groß, vorzügliches Aroma, spät	starkwüchsig, frosthart, braucht starken Schnitt	wertvolle Liebhabersorte, braucht eine gute Ernährung
Collins	hellblau	mittelgroß, fest, säuerlich, aromatisch, mittelfrüh	starkwüchsig, breit	gute Erträge, Neigung zum Triebsterben
Coville	lichtblau	sehr groß, sehr guter Geschmack, spät	starkwüchsig, 2m hoch	Liebhabersorte, Neuzüchtung aus USA
Goldtraube	mittelblau	groß, fest, sehr aromatisch, mittelspät	starkwüchsig, winterhart, trockenheitstolerant	gute Erträge, sehr wertvolle Sorte
Gretha	dunkelblau	groß, sehr aromatisch, mittelspät	starkwüchsig, 2m hoch	hohe Erträge, wertvolle Sorte, Neuzüchtung aus USA
Herbert	dunkelblau	sehr groß, vorzügliches Aroma, spät	mittelstark, breit	hohe, regelmäßige Erträge, Neuzüchtung aus USA
Heerma I	dunkelblau	klein, fest, wohlschmeckend, mittelfrüh	hoch- und breitwüchsig, sehr winterhart	hohe Erträge, hoher Anbauwert, deutsche Züchtung: Dr. Heermann
Heerma II	mittelblau	mittelgroß, fest, aromatisch, mittelfrüh	starkwüchsig, winterhart	hohe Erträge, hoher Anbauwert, deutsche Züchtung: Dr. Heermann
Weymouth	dunkelblau	sehr groß, ohne besonderes Aroma, früh	mittelstarkwüchsig, auseinanderfallend	mittlere Erträge, gute Sorte

Pflanzung

Am günstigsten ist die Herbstpflanzung. Zwei- bis dreijährige Jungpflanzen aus der Baumschule werden im 3 m Reihenabstand mit einem Pflanzabstand von ca. 1,5 m gesetzt.

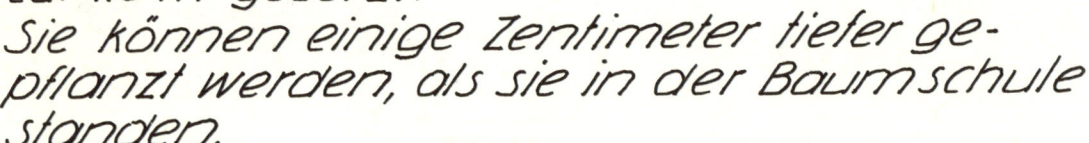

Sie können einige Zentimeter tiefer gepflanzt werden, als sie in der Baumschule standen.

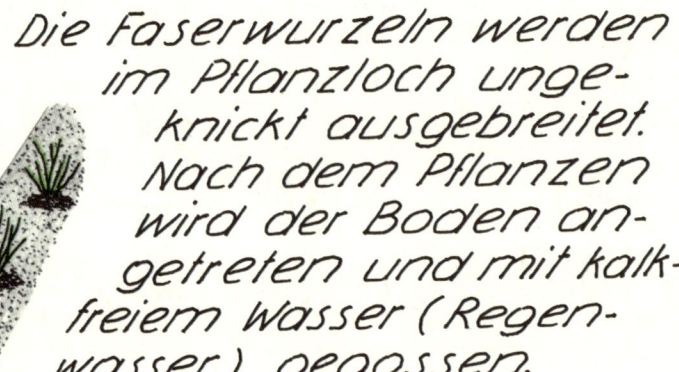

Die Faserwurzeln werden im Pflanzloch ungeknickt ausgebreitet. Nach dem Pflanzen wird der Boden angetreten und mit kalkfreiem Wasser (Regenwasser) gegossen.

Pflegemaßnahmen

Die Wurzeln der Heidelbeeren befinden sich dicht unter der Bodenoberfläche, darum darf der Boden nicht gehackt werden. Hier bietet sich das Mulchen als beste Bodenbedeckung an.

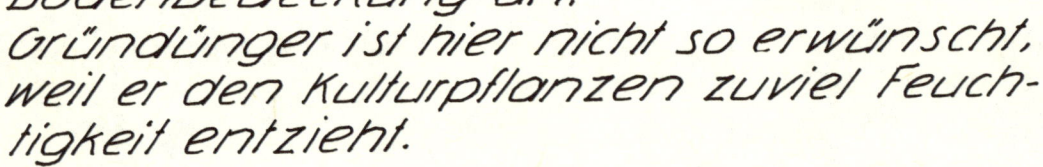

Gründünger ist hier nicht so erwünscht, weil er den Kulturpflanzen zuviel Feuchtigkeit entzieht.

Stickstoffgedüngt wird nur wenig. Magerer Kompost oder ein wenig Hornmehl reichen aus.

Arbeitsablauf beim Schnitt

- Kranke und abgestorbene Äste entfernen.
- Vierjährige und ältere Gerüstäste bodeneben ausschneiden.
- Wegschneiden der schwachen und überzähligen Jungtriebe (es bleiben nur 4 oder 5 stehen).
- Auslichten von überzähligen und schwachen Seitentrieben an zweijährigem Holz.

Älterer Heidelbeerbusch

6-8 Gerüstäste

vor dem Schnitt   nach dem Schnitt

Der Strauch soll nach dem Schnitt eine lockere und luftige Krone bilden, denn die Früchte brauchen Sonne, um Größe und Aroma voll zu entwickeln.
Sechs bis acht kräftige Gerüstäste reichen völlig aus.

Wenn die Büsche im Trieb und Ertrag nachlassen (dies geschieht je nach Sorte vom 8. bis zum 15. Standjahr an), wird radikal auf 30 cm Höhe zurückgeschnitten.
Das ergibt zunächst einen zweijährigen Ertragsausfall, aber eine gute Verjüngung der Büsche.

30 cm

Alle Schnittmaßnahmen können ab dem herbstlichen Laubfall den ganzen Winter über vorgenommen werden.
Triebspitzen sind dabei zu schonen, da sich an ihnen vorwiegend die Früchte ausbilden.

Die Aufnahme von dem für diese Pflanze
wichtigen Magnesium wird durch die Säure
des Bodens erschwert.
Magnesium muß darum reichlich angeboten werden, d.h. wir sollten Magnesium-
dünger in Form von Patentkali gesondert
zuführen.
Sägespäne, zum Mulchen benutzt, halten
den pH-Wert niedrig.
Eine entsprechende Bodenuntersuchung
alle 2 Jahre vorgenommen, ist zu empfehlen.
Der Humusgehalt des Bodens sollte mindestens 3%, besser aber 7% betragen und
muß durch humushaltige Bodenbedeckung
ergänzt und gesteigert werden.

Schnittmaßnahmen

Weder bei der Pflanzung
noch in den ersten drei
Standjahren sind Schnitt-
maßnahmen erforderlich.

Mit dem Schnitt an vier-
jährigen und älteren
Büschen wird das Ziel
angestrebt, ständig junge
Fruchthölzer heranzu-
ziehen.

vorjähriger
Seitentrieb
(Fruchtholz)

dreijähriger
Gerüstast

Die größten
Früchte wachsen an vorjährigen Seitentrieben, die an
dreijährigen Gerüstästen
wachsen.

Blütenknospen

Trieb-
knospen

15-20 mm

1   2

vorjähriger Seitentrieb
1 im Winter, 2 im Sommer

Größenvergleich
zwischen
Kultur- und Waldheidelbeere

Blüten und Früchte

Ab Mitte Mai blühen die Heidelbeeren. Ihre Blüten sind
8 Tage lang bestäubungs-
bereit.
80% der Blüten müssen an-
setzen, wenn man von einer
guten Ernte sprechen will. Die meisten
Kulturheidelbeersorten sind selbstfruchtbar. Eine zweite Bestäubersorte erhöht jedoch auch bei dieser Beerenart den
Ertrag und die Fruchtgröße.
Bienen und Hummeln fördern die Befruchtung sehr.

Je nach Sorte und Witterung beginnt Ende
Juli bis August die Ernte.
Die Früchte reifen nach und nach, müs-
sen also mehrmals durchgepflückt werden.

Sind die Früchte oberflächlich blau, dauert
es noch etwa eine Woche bis zur Vollreife.

hell blau

unreif vollreif

Das richtige Aroma und den
richtigen Reifegrad haben sie,
wenn sie um den Stielansatz
herum blau gefärbt sind.
Die meisten Sorten können vollreif noch
eine Woche am Busch bleiben. Sie wachsen in den letzten Tagen noch ein wenig.

Die Größe und Form der Kulturheidelbeere ist
recht verschieden.

Die Schale ist blau, das
Fruchtfleisch jedoch
hell.

birnenförmig rund abgeplattet plattrund

Zwischen dem 6. bis zum 10. Standjahr beginnt der
Vollertrag, der meist um 5 kg pro Busch liegt, jedoch
sind auch höhere Erträge bekannt.

Heidelbeeren besitzen eine sehr gute Lagerfähigkeit. Trocken und kühl aufbewahrt (3°C), halten sie sich über mehrere Wochen frisch, ohne zu schrumpfen.

Krankheiten und Schädlinge

Bei biologischer Bodenpflege und mäßiger Stickstoffdüngung treten Krankheiten kaum auf.
Die im Frühjahr manchmal auftretenden Frostspanner-raupen können von Hand abgelesen werden.
Wenn wir genügend Nistgelegenheiten für Meisen zur Verfügung stellen, sorgen diese dafür, daß der Fraßschaden in erträglichen Grenzen gehalten wird, denn Frostspannerraupen sind das ideale Brutfutter.

Frostspanner-raupen

Als einzige Krankheit in Europa tritt zuweilen das Triebsterben auf. Es wird durch einen Pilz (Godronia cassandrae) verursacht. Dieser Pilz ist ein Schwächeparasit und befällt vorwiegend Triebe, die bis zum Spätherbst noch nicht verholzt sind, ausgereifte werden selten befallen.

Triebsterben

Geschädigte Triebe müssen herausgeschnitten werden.

Gegen Fraßschäden durch Vögel müssen während der Reifezeit Netze gespannt werden.

Die Wildrosen/Hagebutten (Rosa canina L)

Jeder kennt die Wild- oder Heckenrose, die sich im Juni mit rosafarbenen Blüten schmückt und uns im Herbst ihre leuchtendroten Früchte, die Hagebutten, beschert.

Wollen wir Heckenrosen zur Fruchtgewinnung anbauen, sollten wir großfrüchtige Sorten bevorzugen. Auch hier gibt es heutzutage Züchtungen (z.B. Rosa rugosa oder Rosa villosa).

Heckenrose (Rosa canina)   Kartoffelrose (Rosa rugosa)   Apfelrose (Rosa villosa)   Alpenrose (Rosa pendulina)

Gesundheitswert

Seit dem Mittelalter werden die Hagebutten gegen zahlreiche Krankheiten angewendet. Heute besinnt man sich wieder des Gesundheitwertes dieser Frucht.

Vor allem sind es die hohen Mengen an hitzebeständigem Vitamin C (neben den anderen Vitaminen A, B und E und den Mineralstoffen), die diese Frucht auszeichnen.

Es sind die beiden Sorten Rosa rugosa und Rosa pendulina (Haematodes) die beide mehr als 2000 mg/100g Vitamin C aufweisen.

Tee aus getrockneten Hagebutten hilft bei Nierenentzündung, Steinbildung, Gicht und Rheuma, ebenso Hagebuttenmus.

Beide stärken die Abwehrkraft und sind gut für

stillende Mütter. Mus gewinnt man durch Weich-
kochen und Passieren der Früchte
durch ein feines Sieb, in dem die
ungenießbaren Haare und Kerne
zurückbleiben.
Um der starken Säure geschmacklich entgegenzuwirken, können
wir das Mus ja mit Honig süßen.

Wollen wir die Früchte für Tee verwenden, müssen sie zerkleinert, von
Haaren und Kernen befreit und dann
getrocknet werden.

Standort und Pflege
Biologisch gezogene
Pflanzen gedeihen aus-
gezeichnet.
Sie benötigen zur Blüh- und
Fruchtentwicklung einen
sonnigen Stand.
Meist genügt es, das alte
Holz und eventuell durchtreibende Wild-
triebe herauszuschneiden.
Nur zu dicht wachsende Büsche werden
ausgelichtet.
Werden diese wilden Rosen überwiegend
als Hecke angebaut, sollte so gut wie gar
nicht geschnitten werden, denn die Büsche
einer Rosenhecke sollen dicht, undurch-
dringlich und ineinander wachsen.

Literaturverzeichnis

Abtei Fulda:
„Wildbeeren auch im
Garten."

Bruns, Annelore u. Hubert /
Schmidt, Gerhard:
„Freude am Leben-
Biogarten."
„Biogärtner's Jahrbuch."
Kösel Verlag, München

Hertel, Fritz:
„Die Schwarze Johannisbeere."
Albrecht Philler Verlag,
Minden

Keipert, Konrad:
„Beerenobst."
Ulmer Verlag, Stuttgart

Kreuzer, Johannes:
„Kreuzers Gartenpflanzen-
lexikon."
Gartenbuchverlag,
Tittmoning / Obb.

Liebster, Günther:
„Beerenobst für jeden
Garten."
BLV Verlag, München

Sorge, Peter:
„Beerenobstsorten."
Neumann Verlag,
Melsungen

Register

Register

T

Tannennadelstreu 39
Tannenreisig 108
Torf 98, 128
Triebsterben 134

V

Vergißmeinnicht 21,
22, 64
Verrieseln **94**, 105
Vogelfraß 24
Vorkultur 34

W

Weißklee 21
Wermut 109
Wermuttee 109
Weymouthskiefer 109
Wicken 84
Wildrose (siehe Hage-
butte) 13, 97, **135**

Z

Zwiebelbrühe 95

142

Freude am Leben - Biogarten
Handbuch für den naturgemäßen Gartenbau

Dieses umfassende Handbuch kommt dem Wunsch vieler Freizeitgärtner nach praktischer Information über den biologischen Gartenbau entgegen.
Auf über 300 Seiten behandelt es in Wort und Bild alle Themen von der Gartentechnik über den Gemüse- und Obstbau bis zur Schädlingsbekämpfung.

320 Seiten. Großformat. Mit über 1000 zweifarbigen Abbildungen. Kartoniert DM 29.80
ISBN 3-466-11055-6

Biogärtner's Jahrbuch
Naturgemäßer Gartenbau vom Frühling bis zum Winter.

Dieses ausführliche Jahrbuch begleitet den Biogärtner Schritt für Schritt das ganze Jahr über durch den Garten. Es gibt, übersichtlich und klar anweisend, Arbeitsinformationen über Gartentechniken, Gemüse- und Obstanbau, Bodenbearbeitung und naturschonende Schädlingsbehandlung.

128 Seiten. Mit über 400 zweifarbigen Abbildungen. Großformat. Kartoniert DM 19.80
ISBN 3-466-11061-0

Immerwährender Biogarten Kalender

An diesem immerwährenden Kalender kann der Biogärtner Monat für Monat die wichtigsten Arbeitshinweise ablesen. Die farbigen Zeichnungen begleiten aussagekräftig alle beschriebenen Tätigkeiten. Die schöne Gestaltung ist eine zusätzliche Aufmunterung aktiv zu werden.
Der Arbeitskalender fürs Gartenhaus!

12 farbige Monatsblätter mit Titelblatt
Großformat DIN A3. Spiralheftung DM 19.80
ISBN 3-466-11062-9

Annelore und Sabine Bruns

Bio-Gemüsescheibe
Naturgemäßer Anbau auf einen
Blick

Drehbare Scheibe mit Schutzhülle,
zweifarbig.
2. Auflage
Großformat
Kartoniert und abwaschbar
DM 9,80
Titel-Nr. 3-466-11070-X

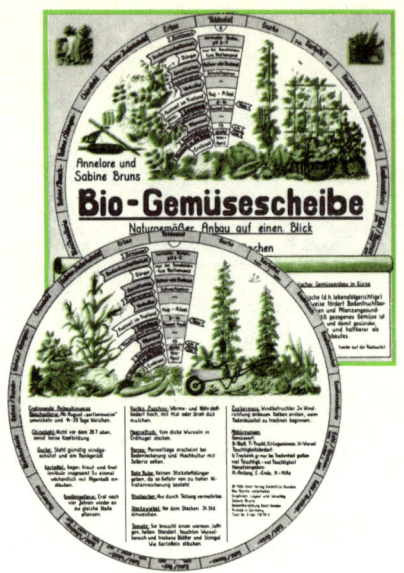

Annelore und Sabine Bruns

Mischkultur-Scheibe
Biologische Pflanzen-Zusam-
menstellungen auf einen Blick

Drehbare Scheibe mit Schutzhülle,
zweifarbig.
Großformat
Kartoniert und abwaschbar
DM 9,80
Titel-Nr. 3-466-11074-2

Diese handlichen Arbeits-
mittel in Scheibenform enthalten das konzentrierte Praxis-
wissen über alle wichtigen Arbeiten und Pflanzen-Zu-
sammenstellungen im biologischen Gemüseanbau.

Susanne und
Hubert Bruns

Spielen & Basteln Freizeitbuch

Spiele und
Spielgeräte
für den Garten.
Mit ausführ-
lichen Bau-
anleitungen.

128 Seiten
Mit über 300 zweifarbigen Abbil-
dungen. Großformat
Kartoniert DM 22.-
ISBN 3-466-11069-6

Susanne und
Hubert Bruns

Die fröhliche Spielwiese

Über 80 lustige
Spiele und Spiel-
geräte zum
Selbermachen.
Mit ausführ-
lichen Bastel-
anleitungen.

128 Seiten
Mit über 300 zweifarbigen Zeichnun-
gen und 100 Skizzen. Großformat
Kartoniert DM 22.-
ISBN 3-466-11075-0